手机支付与信用

省钱、赚钱、提额与个人贷款

杨光瑶◎编著

中国铁道出版社
CHINA RAILWAY PUBLISHING HOUSE

内 容 简 介

本书是一本介绍手机支付和个人贷款相关知识的书籍，以“理论+案例+实操”的形式，向读者阐述了如何轻松实现手机的各种支付以及进行个人贷款。

本书内容注重实用性，全书共分为8章，包括手机支付、支付宝信用贷款、微信贷款、京东金融信贷以及其他手机贷款申请平台，如银行个人信贷、宜人贷和拍拍贷等，具有很强的实战性和指导性。

无论你是普通消费者还是有个人贷款需求的借款人，或是小额贷款机构的从业人员以及有志于从事小额信贷业务的相关人员，相信都可以在本书中学到需要的知识和内容。

图书在版编目（CIP）数据

手机支付与信用：省钱、赚钱、提额与个人贷款 / 杨光瑶编著．—北京：中国铁道出版社，2018.7

ISBN 978-7-113-24491-0

Ⅰ．①手… Ⅱ．①杨… Ⅲ．①电子商务－支付方式－研究 Ⅳ．①F713.361.3

中国版本图书馆CIP数据核字（2018）第102632号

书　　名：**手机支付与信用：省钱、赚钱、提额与个人贷款**
作　　者：杨光瑶　编著

责任编辑：张亚慧　　　读者热线电话：010-63560056
责任印制：赵星辰　　　封面设计：MXK DESIGN STUDIO

出版发行：中国铁道出版社（100054，北京市西城区右安门西街8号）
印　　刷：北京鑫正大印刷有限公司
版　　次：2018年7月第1版　　2018年7月第1次印刷
开　　本：700mm×1000mm　1/16　印张：15.25　字数：183千
书　　号：ISBN 978-7-113-24491-0
定　　价：45.00元

前言

P R E F A C E

随着移动互联网的发展和智能手机的普及，手机支付逐渐成为人们日常生活中重要的支付方式。不管是网上购物，还是商场交易，甚至是菜市场买菜，消费者都习惯使用手机支付，而商户也乐意接受手机付款，因为这样可以节省找零的时间，同时也不用担心收到假币。

手机支付因其便捷性而广受市场青睐，但从用户体验方面来看，安全性仍是用户非常关心的问题。虽然我们熟知的手机支付工具都拥有很强的安全措施，但不少用户仍然有着担忧。为了更好地管理好自己的“手机钱包”，手机支付用户需要了解如何让支付更安全。

与手机支付同样热门的词汇就是个人贷款了，无抵押、低门槛、放款快是当前个人小额贷款的特点，此类贷款申请简单，借款人只需在线提交资料，便能快速获得贷款，因此受到了很多有小额贷款需求的借款人的青睐。

目前，市场上的小额贷款平台有很多，不同的贷款平台都有着不同特色的产品，许多借款人不知道该如何选择。但从本书中，你一定能找到适合自己的贷款产品。

本书包括 8 章内容，具体章节的内容如下所示。

◎ 第一部分：第 1 ~ 2 章

本部分内容主要介绍了目前主流的手机支付方式和安全问题，通过对该部分内容的了解，读者可以利用手机完成网购、线下以及亲友间的付款，并能为手机支付安全保驾护航。

◎ 第二部分：第 3 ~ 5 章

本部分主要介绍了如何在支付宝、微信以及京东金融平台上进行借款。在这三大平台上申请借款，操作简便，还款方便且放款速度快。

◎ 第三部分：第 6 ~ 7 章

该部分介绍了不同的个人小额贷款渠道，如银行、平安普惠、宜人贷、拍拍贷、人人贷和 2345 贷款王等。上述贷款平台提供了种类丰富的贷款产品，可满足不同借款人的需求，借款人可根据个人需要灵活选择。

◎ 第四部分：第 8 章

本部分主要介绍了进行小额贷款时需要注意的事项和防范措施，包括如何自助选择正规平台、如何查看问题借贷平台、如何识别校园贷诈骗和分期付款陷阱等。

本书语言简单、轻松，采用“理论 + 案例 + 实操”的形式，旨在手把手教会读者使用手机支付、自助办理个人贷款。本书适合于普通消费者、有个人贷款需求的借款人、小额贷款机构的从业人员以及有志于从事小额信贷业务的人员。最后，希望所有读者都能够从本书中获益。由于编者能力有限，对于本书内容不完善的地方希望读者批评指正。

编 者

2018 年 3 月

目录

CONTENTS

第1章　手机钱包，一键开启支付新生活

随着互联网金融的重心从电脑端逐渐转移到手机端，移动支付呈现出了爆发式增长的态势。如今，手机移动支付和人们的生活关系日益密切，出门不用带钱包，直接使用手机支付成为常态，手机已代替现金、钱包成为人们便捷支付的“钱袋子”。

第 2 章　快捷支付，但不要忘了管好手机钱包

手机支付为支付提供了便利，但其中也隐藏着许多安全风险。对手机支付用户来说，了解必要的安全常识是很有必要的，这有助于保障手机支付的安全。

第3章 支付宝个人信用借款，随借随还

在当前庞大的贷款种类中，很大一部分贷款属于信用贷款。作为全球领先的第三方支付平台，支付宝也为广大用户提供了便捷的贷款服务，那么支付宝中有哪些贷款产品呢？

第4章 小微贷款，个人信用循环借贷

不仅在支付宝中能够贷款，在微信中也可以进行贷款。微信贷款操作简便、放款速度快，对于有小额贷款需求的用户来说，是不错的贷款平台，可以快速地解决资金周转问题。

第 5 章 京东金融，更懂你的信贷生活

京东金融是京东金融集团打造的“一站式”在线投融资平台。目前，京东金融已建立起多个业务板块，包括供应链金融、消费金融、众筹、财富管理、支付、保险、证券和金融科技服务等。

第 6 章 在线申请，极速实现小额信贷

目前，能申请小额信贷的渠道有很多。除了我们熟悉的银行外，还有其他机构也能为借款人提供小规模金融服务。

第 7 章 更快捷的手机贷款申请渠道

在手机中贷款具有申请简便、放款快速的特点，对于急需资金的用户来说，手机贷款是比较高效的移动贷款平台。目前，各大手机贷款平台也日益规范和透明化，使借款人能更放心地借贷。

第 8 章 谨记手机信用贷款的要点

手机信用贷款手续简单、放款速度快，因此受到了很多人的青睐，但并不是所有的借款人都能成功申请借款，借款人想要提高借款成功率还需要一些“窍门”。另外，由手机贷款所引发的一系列问题，借款人也必须引起重视。

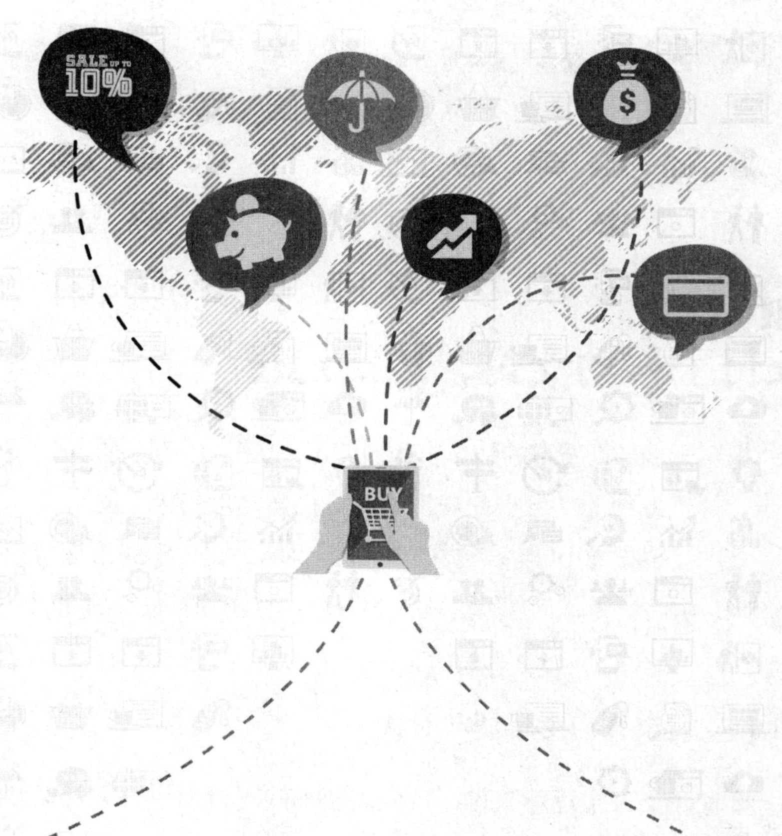

第1章

手机钱包，一键开启支付新生活

随着互联网金融的重心从电脑端逐渐转移到手机端，移动支付呈现出了爆发式增长的态势。如今，手机移动支付和人们的生活关系日益密切，出门不用带钱包，直接使用手机支付成为常态，手机已代替现金、钱包成为人们便捷支付的“钱袋子”。

1.1

支付宝移动支付，边走边付

根据艾瑞咨询发布的《2017年中国第三方移动支付行业研究报告》显示，第三方移动支付交易规模的市场份额高度集中于支付宝和财付通。其中，根据2016年第四季度的数据显示，支付宝的市场份额达到了55%，由此可见，支付宝已成为不少用户首选的移动支付工具。

1.1.1 支付宝开启支付便利时代

要使用支付宝进行支付，首先需要下载支付宝手机客户端并注册属于自己的支付宝账号。支付宝手机客户端可以在各大应用市场下载，下载并安装完成后，可以使用手机号直接在客户端中注册账号。

完成以上准备工作后，还不能使用支付宝完成支付，因为个人的支付宝账号中还没有可供支付的资金。此时我们需要将个人银行卡绑定支付宝，让支付宝真正成为支付的“钱袋子”。

打开手机支付宝，在登录页面输入账号和密码，点击“登录”按钮，登录个人支付宝账号。在打开的页面中点击“我的”按钮，如图1-1所示。

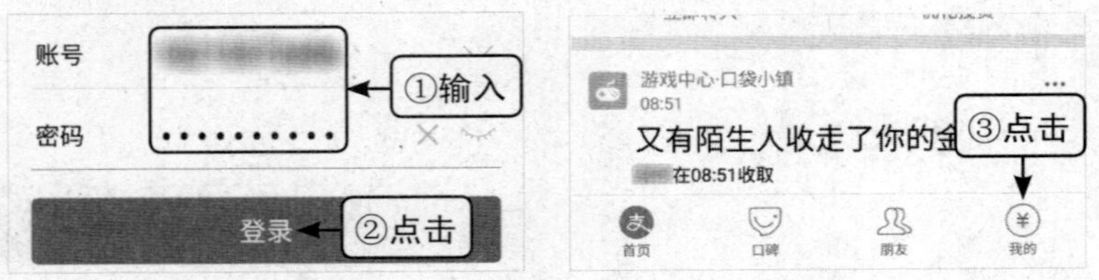

图 1-1

进入“我的”页面，选择“银行卡”选项。在打开的页面中点击“+”按钮，如图 1-2 所示。

图 1-2

进入“添加银行卡”页面，输入用户本人银行卡卡号，点击“下一步”按钮。在验证手机号页面输入手机校验码，点击“下一步”按钮，即可完成银行卡的绑定，如图 1-3 所示。

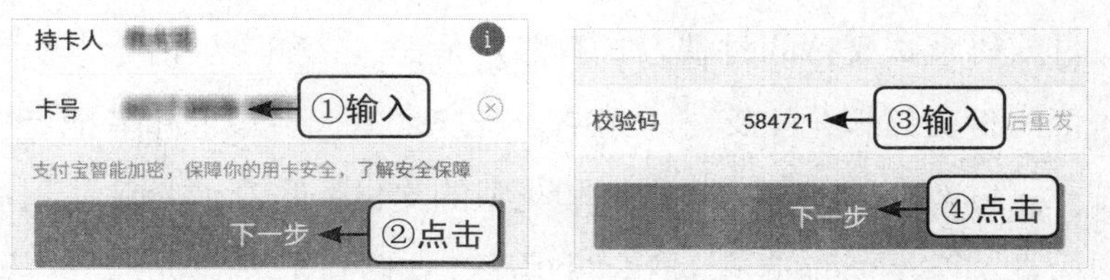

图 1-3

知识加油站

在支付宝中绑定银行卡，既可以是储蓄卡也可以是信用卡，但不支持存折。一个支付宝账户最多可以签约 18 张银行卡，同一张银行卡最多可以成功签约 3 个支付宝账户。需要注意，浦发银行、兴业银行在同一支付宝账户中只能签约一张信用卡和储蓄卡。

1.1.2 体验支付宝的支付功能

支付宝为用户提供了丰富的快捷支付方式，这些支付方式能满足用户的不同支付需求，具体包括以下几种。

◆ 付款码

付款码是在线下向商家付款时使用。手机登录支付宝后，点击首页上方的“付钱”按钮，向商家展示二维码及条形码，商家使用扫码枪或摄像头等设备，扫描用户的二维码或条形码，即可完成交易。除此之外，商家也可以手动输入条形码下方的数字完成交易，如图 1-4 所示。

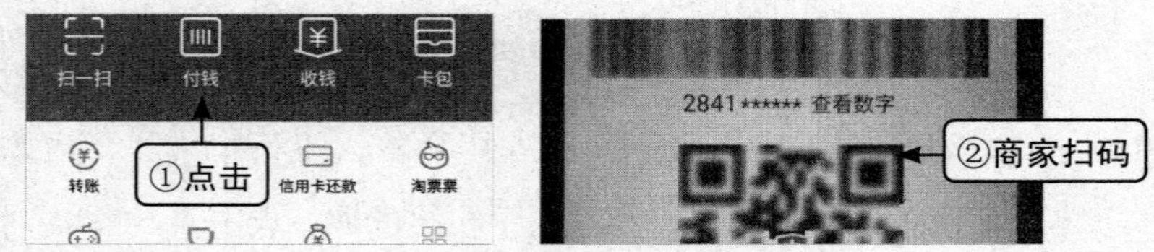

图 1-4

付款码默认支持的付款方式有账户余额、余额宝、借记卡快速支付、信用卡支付和花呗支付。其中，账户余额、余额宝和借记卡快速支付无支付额度的限制，信用卡和花呗的支付系统会综合评估用户的使用场景，并进行动态的限额和次数限制，如遇到无法成功支付的状况，请更换支付方式完成支付。

付款码仅用于当面支付时扫码使用，二维码和条形码每分钟都会自动更新，并会在短时间之内有效。在安全系统的保护下，每笔小于或等于 1000 元的订单无须验证支付密码，大额交易需验证支付密码。

◆ 扫码付

扫码付是线下买家通过使用支付宝钱包扫描商家的二维码完成支付。在支付宝首页点击“付钱”按钮，在打开的页面中点击“扫码付”按钮，将商家二维码放入框内进行扫描，扫描成功后输入支付密码即可完成支付。

◆ 声波付

声波付是商户通过麦克风识别用户手机发出的声波，并下单完成交易的支付方式。在支付宝首页点击“付钱”按钮，在打开的页面中点击“声波付”按钮即可使用声波支付。

◆ 转账

日常生活中除了向商家支付外，有时还会向个人支付。个人对个人的支付需使用转账功能，下面来看看如何转账给他人。在手机支付宝首页点击“转账”按钮，在打开的页面中选择转给朋友或转给支付宝账户，这里选择“转到支付宝账户”选项，如图 1–5 所示。

图 1–5

进入“转到支付宝账户”页面，输入对方支付宝账号或手机号码，点击“下一步”按钮。在打开的页面中输入转账金额，点击“确认转账”按钮，如图 1–6 所示。

图 1–6

最后，在打开的页面中输入支付密码即可。支付宝转账默认的是使用账户余额付款，若用户的账户余额没有足够的资金，那么可以点击图 1–6（右）中的“更换”超链接，更换付款方式。

1.1.3 亲密付，亲人购物我来买单

亲密付是为亲子、爱人等亲密关系打造的极简支付服务，申请人在为父母、子女及其他亲友开通亲密付后，对方支付时，在收银台可选择“亲密付”从申请人的账户自动扣款，下面来看看如何开通亲密付。

在手机支付宝首页点击“更多”按钮，在打开的页面中点击“亲密付”按钮，如图 1–7 所示。

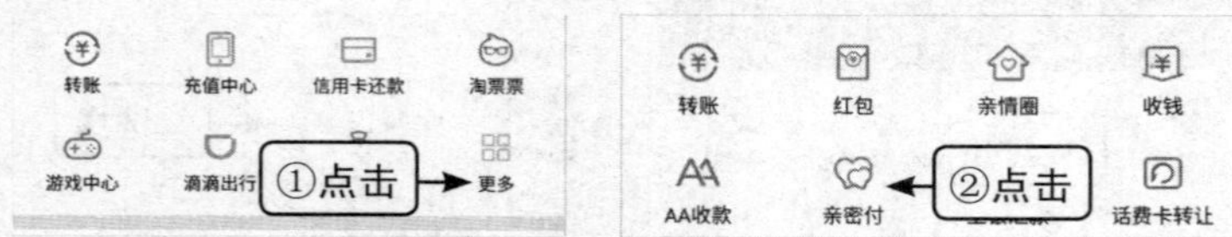

图 1–7

在打开的页面中点击“替亲友开通”按钮。进入“替他亲密付”页面，输入对方支付宝账号，点击“确认，替他开通”按钮，如图 1–8 所示。

图 1–8

程序会要求确认对方与自己的关系，选择相应的关系选项即可。在打开的页面中输入每月支付额度，点击“同意协议并开通亲密付”按钮，最后再输入支付密码即可，如图 1–9 所示。

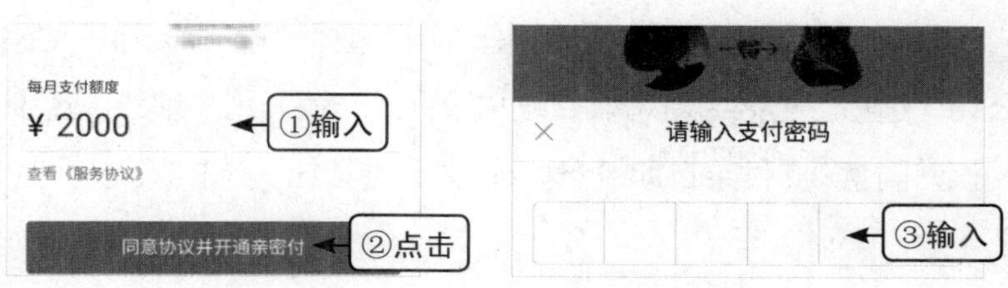

图 1-9

亲密付付款人可以使用账户余额、储蓄卡、信用卡及余额宝付款，但不支持花呗付款。亲密付依次扣款顺序为：用户自定义默认工具 > 信用卡快捷 > 信用卡卡通 > 账户余额 > 借记卡快捷 > 借记卡卡通 > 余额宝。

亲密付对象对多人开通亲密付，想要优先使用某人亲密付时，可以在手机支付宝上的支付设置中设置付款渠道排序。

1.1.4 生活缴费，想付就付

日常生活中的水电燃气费，几乎是每个家庭每月必缴的一项费用。手机支付宝为用户提供多样化的便民生活服务，其中就包括生活缴费，使用户足不出户即可完成水电燃气费的缴纳工作，具体缴费流程如下。

进入手机支付宝“全部应用”页面，点击“生活缴费”按钮。在打开的页面中选择缴费类型，这里点击“燃气费”按钮，如图 1-10 所示。

图 1-10

在打开的页面中选择缴费机构，这里选择“成都城市燃气有限责任公司”选项。进入“新增缴费账户”页面，输入用户编号，选中“我已阅读并同意《支付宝自助缴费协议》”单选按钮，点击“下一步”按钮，如图 1-11 所示。

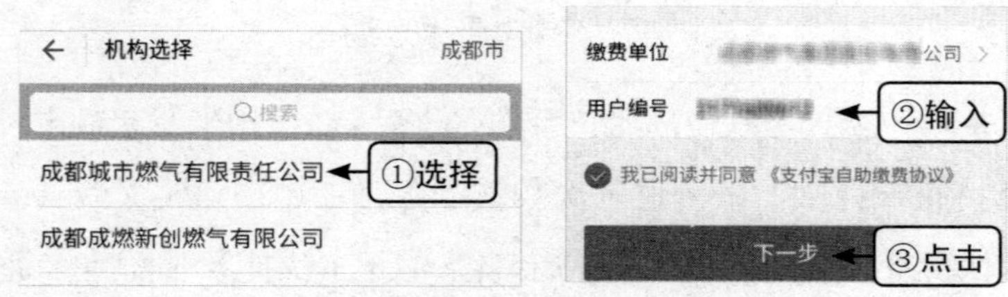

图 1-11

在打开的页面中输入充值金额，点击“立即缴费”按钮。在确认付款页面点击“立即付款”按钮，再输入支付密码即可，如图 1-12 所示。

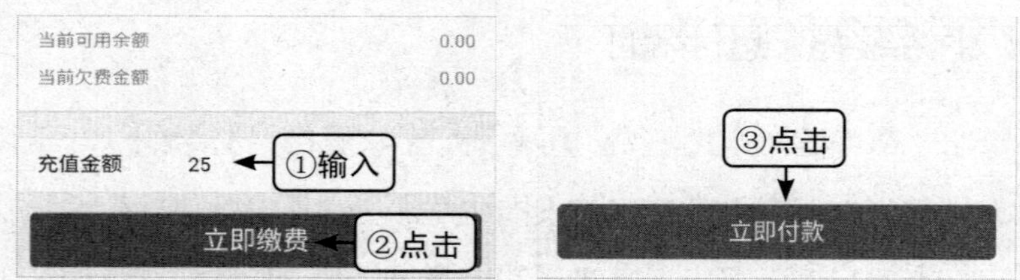

图 1-12

知识加油站

水电燃气缴费支持的付款方式有储蓄卡、信用卡、花呗、余额宝、集分宝、缴费红包、账户余额、支付宝卡和亲密付等。水电燃气缴费一般都是实时到账，若缴费时支付了一元手续费，则为人工代缴，人工代缴预计 3 ～ 7 个工作日到账。

1.1.5 使用支付宝为信用卡还款

在支付宝中，用户还可以为自己或他人的信用卡还款。支付宝信用卡还款分为立即到账、当天到账和次日到账 3 种。各银行信用卡还款到账时间不同，具体的到账时间可以在还款时查询。

在手机支付宝中为信用卡还款，支持的还款方式有储蓄卡快捷、储蓄卡卡通、信用卡还款红包、余额宝和集分宝。下面来看看如何为本人信用卡还款。

按照前面介绍的绑定银行卡的方式绑定个人信用卡。在支付宝首页或“全部应用”页面点击“信用卡还款”按钮，在打开的页面中选择要还款的信用卡，如图 1–13 所示。

图 1–13

在打开的页面中输入还款金额，点击“确认还款”按钮。在“确认还款”页面点击“立即付款”按钮，再输入支付密码，如图 1–14 所示。

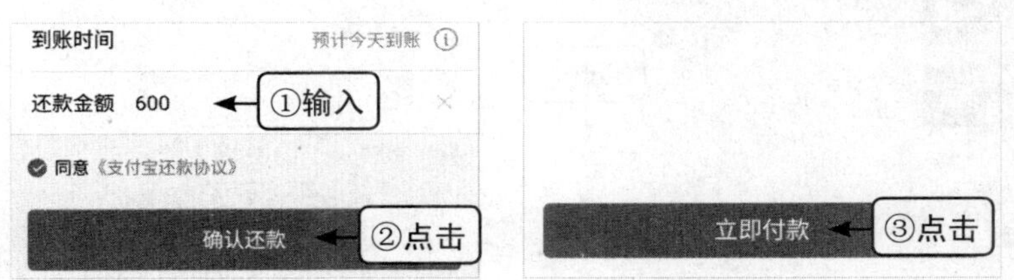

图 1–14

如果不想立即还款，可以在上图（左）中点击“预约还款”超链接，预约还款日前的某一天进行扣款。

1.2

微信支付这么玩

除支付宝外，用户使用较多的第三方支付工具就是微信支付了。微信支付是集成在微信客户端的支付工具，它可以向用户提供安全、快捷且高效的支付服务。

1.2.1 开启微信智慧支付

与支付宝一样，要使用微信提供的支付功能，首先需要安装并下载微信手机客户端，并申请微信账号。对于已拥有微信账号的用户来说，只需在微信中绑定银行卡，即可享受快捷支付服务。下面来看看如何在微信中绑定银行卡。

打开手机微信并登录个人账号，点击“我”按钮，在打开的页面中选择“钱包”选项，如图 1–15 所示。

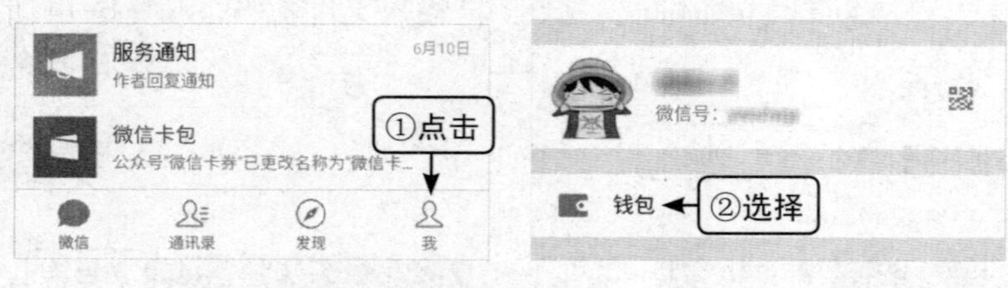

图 1–15

进入“我的钱包”页面，点击“银行卡”按钮。在打开的页面中点击“+ 添加银行卡”按钮，如图 1–16 所示。

图 1-16

在打开的页面中输入支付密码，进入添加银行卡页面，输入银行卡卡号，点击“下一步”按钮即可，如图 1-17 所示。

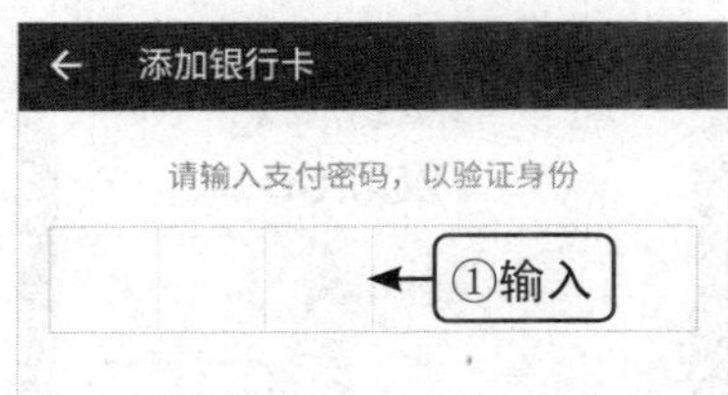

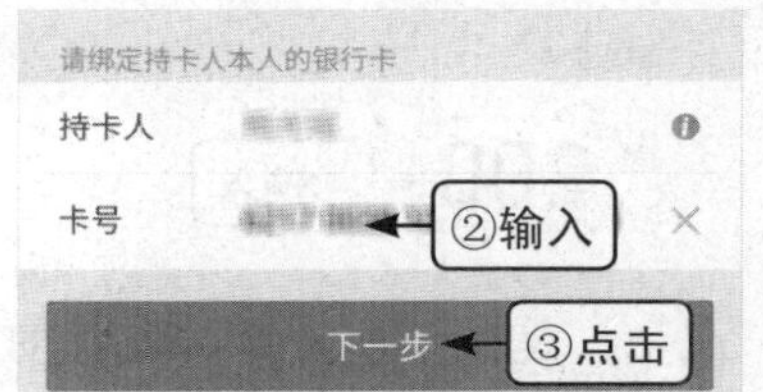

图 1-17

微信支付同样支持绑定借记卡和信用卡，每个微信支付账户最多可以绑定 10 张同一姓名的银行卡（含信用卡），但同一个银行同一类型银行卡最多能绑定 3 张。

1.2.2 好友资金往来如何付

微信好友之间的资金往来，可以采用转账或发微信红包的方式进行支付，下面分别来看看这两种支付方式。

（1）转账

进入微信好友聊天对话页面，点击“+”按钮，再点击“转账”按钮，如图 1-18 所示。

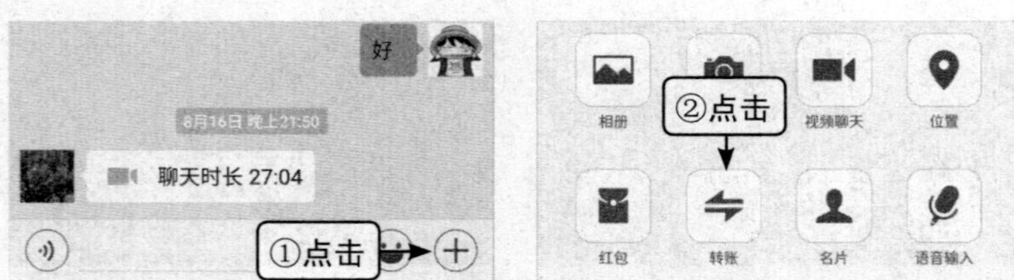

图 1-18

在打开的页面中输入转账金额，点击“转账”按钮。进入支付页面，输入支付密码，即可完成转账，如图 1-19 所示。

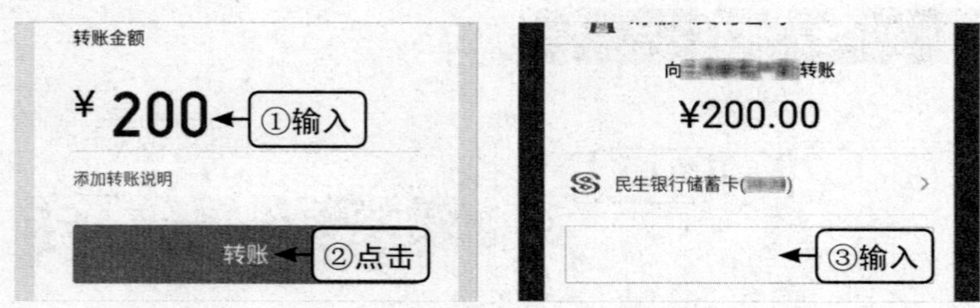

图 1-19

（2）发微信红包

进入微信好友聊天对话页面，点击“+”按钮，再点击“红包”按钮。在打开的页面中输入金额，点击“塞钱进红包”按钮，再输入支付密码即可，如图 1-20 所示。

图 1-20

在微信中除了可以在聊天窗口发红包外，还可以面对面发红包，让好友通过扫描二维码的方式领取。

在微信首页点击“+”按钮，在弹出的下拉列表中选择“收付款”选项。在打开的页面中选择“面对面红包”选项，如图 1-21 所示。

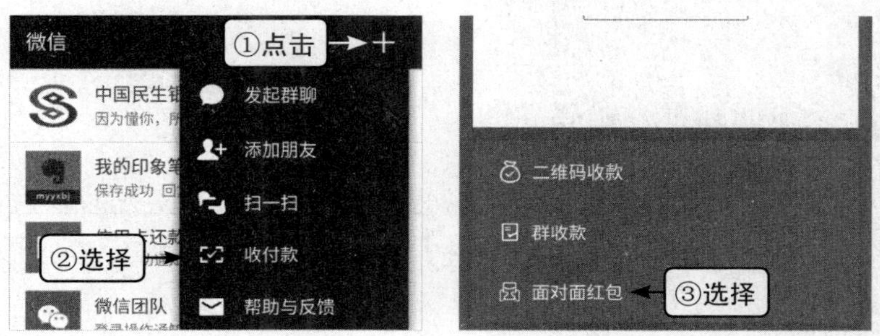

图 1-21

在打开的页面中点击“包红包”按钮，进入“发红包”页面，输入总金额和红包个数，点击“塞钱进红包”按钮，如图 1-22 所示。

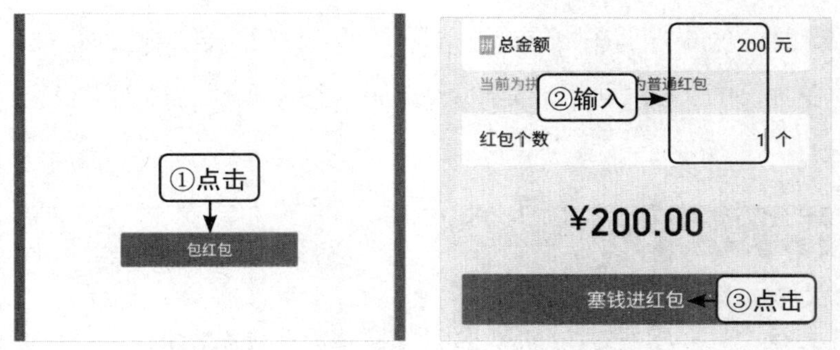

图 1-22

最后输入支付密码，系统会自动生成二维码，身边的好友可扫二维码领取红包。面对面红包的二维码每分钟更新一次，由于被截屏的二维码无法自动更新，因此将二维码红包截屏发给他人领取时，可能会因为二维码过期失效而导致红包无法领取。

知识加油站

在发微信红包时要注意，微信红包是有限额的。普通红包和面对面红包的单个红包金额不能超过 200 元，如需发送超过 200 元的红包给好友，需分次发送或选择转账操作。

1.2.3 无须加好友，扫码立即付

如果需要付款的对象并不是微信好友，那么是不是就不能完成支付了呢？答案是否定的。非微信好友可以采用二维码收款的方式向他人付款。

这种付款方式需收款对象在“收付款”页面选择“二维码收款”选项，进入“二维码收款”页面后点击“设置金额”超链接设置收款金额，设置成功后会生成收款二维码。

此时，付款方需在微信首页选择“+”下拉列表中的“扫一扫”选项，在打开的页面中扫描对方的收款码，扫描成功后输入支付密码，如图 1-23 所示。

图 1-23

1.2.4 用微信向商家付款

当需要用微信向商家付款时，可以出示付款二维码 / 条形码给商家，商家扫描用户二维码 / 条形码后即可完成交易。对于初次使用商家付款功能的用户，需开启付款功能后才能进行支付，具体操作如下。

选择微信首页“+”下拉列表中的“收付款”选项，进入“收付款”页面，点击“立即开启”按钮。在打开的页面中输入支付密码，如图 1-24 所示。

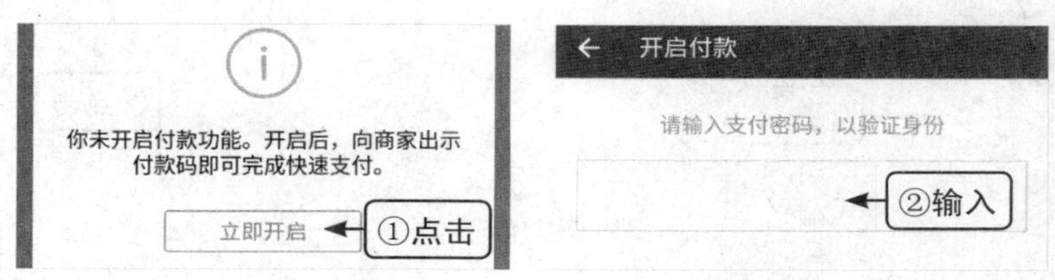

图 1-24

在打开的页面中点击“知道了”按钮，页面会自动生成二维码和条形码，商家扫描二维码或条形码，如图 1-25 所示。

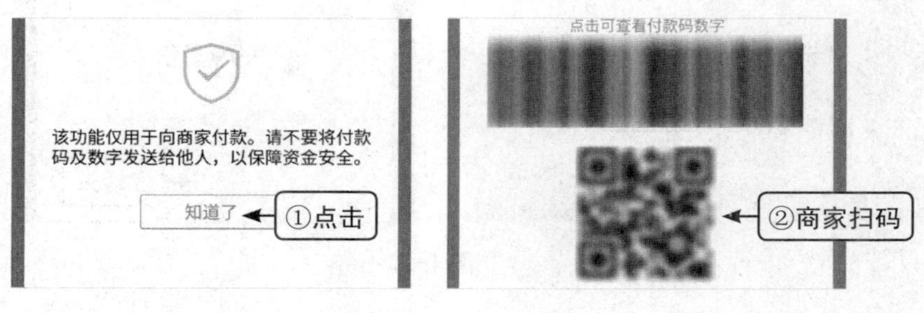

图 1-25

使用微信支付向商家付款，每笔小于 1000 元的订单无须验证支付密码，大额支付需要验证密码。同时，安全系统会对可疑交易进行拦截。每一个微信用户只能对一台手机开通“付款”，在更换设备登录时，需要验证支付密码。

1.2.5 充值服务，快速搞定

每月月初和月末时，大多数手机用户都会给自己的手机号码充值。在手机微信中也可以为手机充值，并且还有一定的优惠，具体操作如下。

登录手机微信，切换至“我”页面，选择“钱包”选项，在打开的页面中点击“手机充值”按钮，如图 1-26 所示。

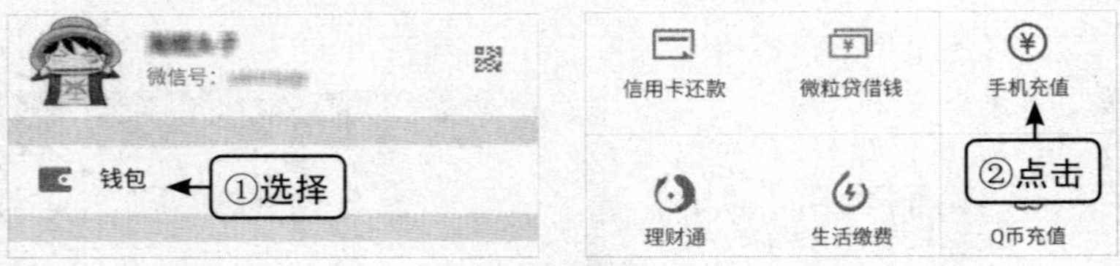

图 1-26

进入充值页面，输入手机号码，选择充值金额。最后在打开的页面中输入支付密码，如图 1-27 所示。

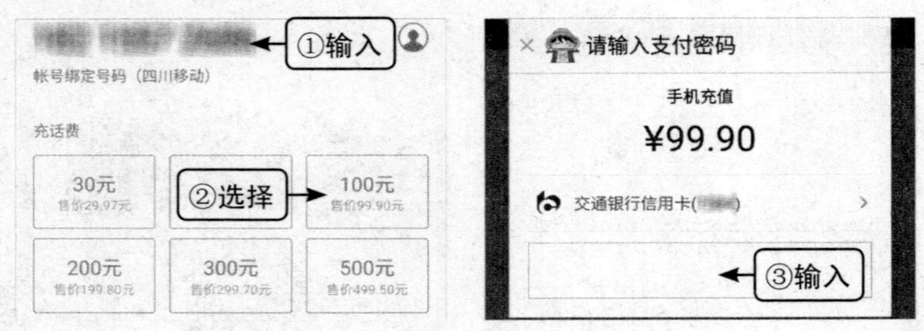

图 1-27

1.2.6 手机微信理财支付

不管是对于个人还是家庭来说，合理的理财规划都是必要的，理财是财富管理的过程，也是财富积累的过程。面对市场上琳琅满目的理财平台，大多数用户都不清楚该如何选择，实际上在微信中就能实现投资理财。

理财通是微信打造的理财平台，在其中，不同理财需求的用户都可以找到适合自己的理财产品。理财通提供的理财产品具体包括以下几类。

基金。包括货币基金和指数基金。货币基金是一种主要投资于短期货币市场工具的开放式基金，由基金公司发行，受中国证监会监管，具有低风险、高流动性和低门槛的特点。指数基金的风险远高于货币基金，收益具有波动性，受股市、债市影响，适合有一定风险承受能力的理财人士购买。

定期产品。是有固定投资期限的产品，包括具有封闭期限的短期型基金及其他类型金融产品。

保险产品。是由保险公司发行、承保或管理的产品类型，受中国保险监督管理委员会监管。投资范围广，收益稳定，期限丰富。

券商产品。是由国内大型证券公司或其资管公司提供的有固定投资期限的理财产品，主要包括集合资管计划、报价回购。集合资管计划投资于流动性资产和固定收益类资产，收益稳健，一年以内封闭期为主，风险中低。报价回购是证券公司以符合要求的自有资产做质押，约定到期还本付息的产品，封闭期 1 ～ 365 天，风险低。

了解了不同的理财产品类型以后，下面以购买货币基金为例来看看如何完成一次投资理财的支付。

在微信“我的钱包”页面，点击“理财通”按钮。在打开的页面中点击“理财”按钮，如图 1-28 所示。

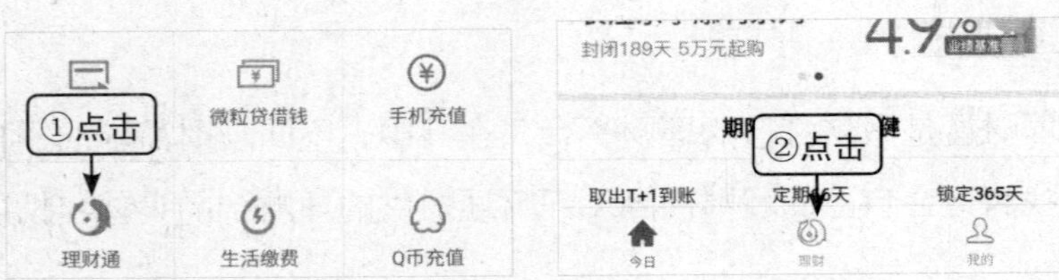

图 1-28

在打开的页面中点击“货币基金”按钮。进入产品列表，选择要购买的货币基金，如图 1-29 所示。

图 1-29

在打开的页面中点击“买入”按钮。进入购买页面输入购买金额，选中支付方式单选按钮，如图 1-30 所示。

图 1-30

选中“同意服务协议及风险提示”复选框，点击“买入”按钮。输入支付密码，完成购买，如图 1-31 所示。

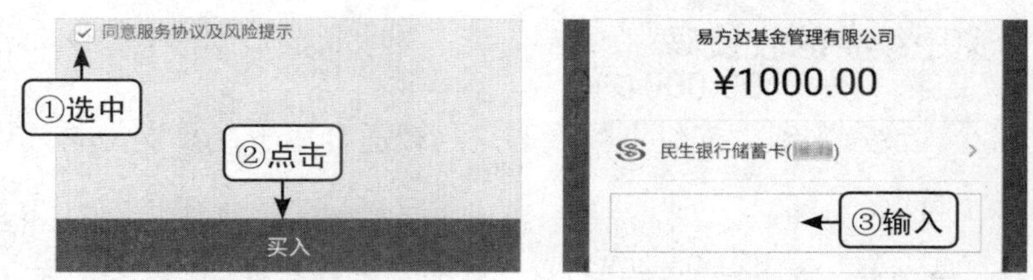

图 1-31

在理财通中买入货币基金，于第二个交易日开始计算收益，节假日顺延，具体收益情况如表 1-1 所示。

表 1-1 微信理财通货币基金收益计算规则

买入时间	开始计算收益	收益到账
周一 15:00 ～周二 15:00	周三	周四
周二 15:00 ～周三 15:00	周四	周五
周三 15:00 ～周四 15:00	周五	周六
周四 15:00 ～周五 15:00	下周一	下周二
周五 15:00 ～下周一 15:00	下周二	下周三

1.3 个人商家如何接入手机支付

如今，无现金支付已成为常态。不少商家也逐渐接入了支付宝或微信支付，手机支付成为用户和商家在线下交易时主流的付款方式。对于还没有接入支付宝或微信支付的商家来说，如何才能接入支付宝和微信支付呢？

1.3.1 免手续费的收钱码

对个人商家来说，支付宝收钱码是比较适合用于交易支付的，其具有以下特点。

- **全免费**：付款用户通过扫描商家的二维码贴纸完成支付，商家收钱免费、提现免费。
- **安全可靠**：每笔收款都有语音提示，保证资金安全。
- **好查账**：扫一扫自己的收钱码，即可查看收钱记录、收入统计。
- **开通简单**：在支付宝中即可在线申请。

下面来看看如何在支付宝中申请收钱码。在支付宝首页点击“收钱”按钮，在打开的页面中选择“领取收钱码贴纸”选项，如图 1–32 所示。

图 1–32

进入申请页面，填写收款码邮寄联系人、电话号码和地址，点击“同意并申请”按钮。在打开的页面中点击“立即付款”按钮，再输入支付密码完成支付，如图 1–33 所示。

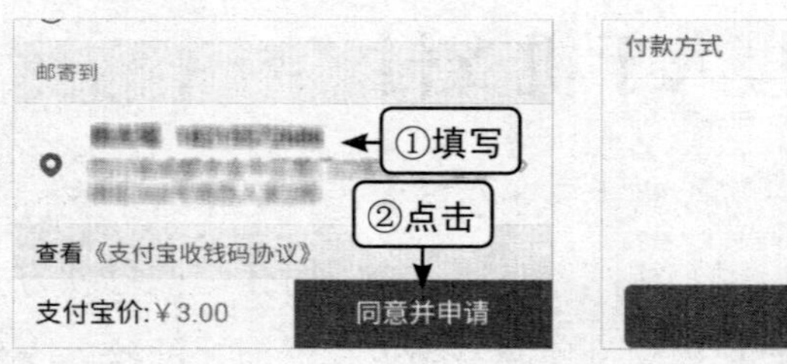

图 1–33

知识加油站

在支付宝客户端申请收钱码，一般情况下需要物料费（支付宝价）3 元，具体以申请时页面为准。收款码申请成功后，支付宝官方会进行收款码的制作，当日开始专属制作收款码，正常情况下两天能制作完成。制作成功后，邮寄时间一般为 5 ~ 10 个工作日，实际以邮政为准。申请人可在申请记录页面查看收款码的实时动态。

1.3.2 扫描用户付款码的当面付

当面付通过商家扫描用户付款码或用户扫描商家的二维码完成交易。当面付的收款资金实时到账，可以大大提升商家收银效率。商家接入当面付需具备以下条件。

①企业或个体工商户可申请。

②需提供真实有效的营业执照；如与签约主体不一致者需提供授权函。授权函要求：公司类型的企业必须盖公章，个体工商户需二选一，具体情况如下。

- 法人身份证原件 + 法人签字。
- 法人身份证原件 + 个体工商户盖章。

③提供门头 / 内景照片。

当面付的单笔费率为 0.6%，服务期限为一年。支付宝为助力中小商户，给予中小商户一定的费率优惠，从签约日至 2017 年 12 月 31 日优惠费率为 0.55%（不包含特殊行业）。特殊行业包括：休闲游戏；网络游戏点卡、游戏渠道代理；游戏系统商；网游周边服务、交易平台；网游运营商（含网页游戏）。

商家申请接入当面付可以在支付宝网页端，也可以在手机客户端申请。在手机客户端申请首先需要关注“蚂蚁金服商家平台”生活号，然后进入“蚂蚁金服商家平台”，具体操作如下。在支付宝首页点击“ ”按钮，在打开的页面中选择“生活号（原服务窗）”选项，如图 1–34 所示。

图 1-34

进入“生活号”页面，点击“搜索”按钮。在搜索文本框中输入“蚂蚁金服商家平台”，在搜索结果中选择搜索结果选项，如图 1–35 所示。

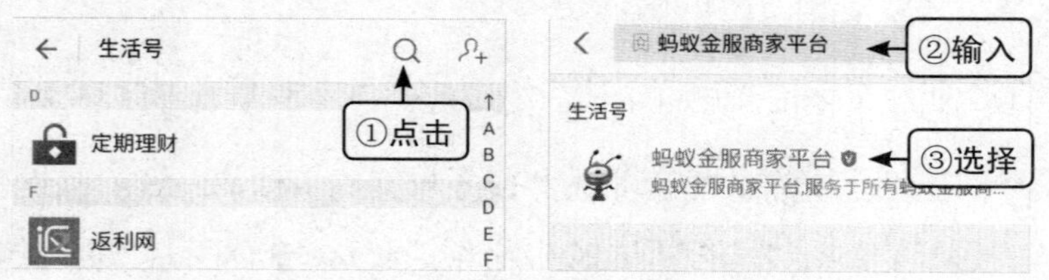

图 1-35

进入蚂蚁金服商家平台后，点击“当面付”按钮，如图 1–36 所示。

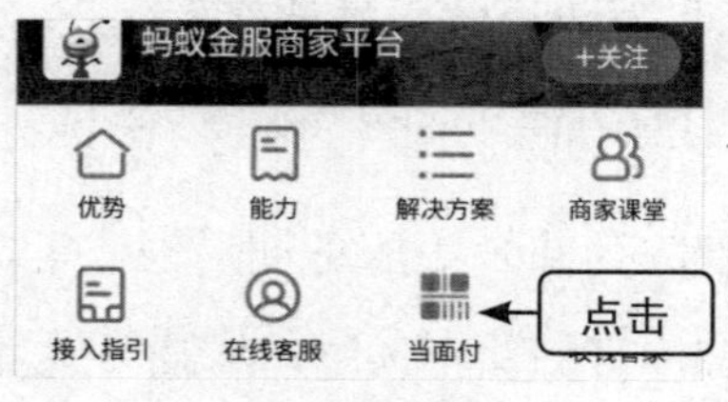

图 1-36

此时会进入资料填写页面，按照页面提示填写相关资料，完成签约即可。

1.3.3 基于手机端的 APP 支付

大多数用户都有使用各种购物 APP、掌上电脑等进行购物的习惯。商家若已搭建了自己的 APP，那么可直接接入支付宝 APP 进行支付，这样用户在 APP 中进行支付时，就可以直接使用支付宝支付了。APP 支付的申请条件如下所示。

- ◆ 企业或个体工商户可申请。
- ◆ 需提供真实有效的营业执照，且支付宝账户名称需与营业执照主体一致。
- ◆ 提供 APP 名称或产品说明文档，开发者与支付宝账户名称不一致需提供开发合作协议。

APP 支付的单笔费率为 0.6% ～ 1.2%，服务期限为一年。APP 支付签约需要在蚂蚁金服商家中心网页端进行。进入蚂蚁金服商家中心首页（https://b.alipay.com/），在 APP 支付栏中单击“我要接入”按钮。在打开的页面中单击“立即接入”按钮，如图 1-37 所示。

图 1-37

在打开的页面中登录支付宝账号，此时页面会跳转至资料填写页，根据页面提示提交资料，包括商户经营信息、APP 说明文档和商户联系人信息。资料提交后，一个工作日即可通过审核，审核通过后可启动开发进行产品集成，完成 APP 与支付宝的对接。

1.3.4 基于手机网站的支付

手机网站支付能够实现用户在手机网站上使用支付宝付款。接入手机网站支付后，用户在没有安装支付宝客户端的情况下，可通过浏览器唤起支付宝客户端完成支付。手机网站支付的申请条件如下所示。

- ◆ 企业或个体工商户可申请接入（团购类网站不支持个体工商户签约）。
- ◆ 提供真实有效的营业执照，且支付宝账户名称需与营业执照主体一致。
- ◆ 网站能正常访问且页面信息有完整商品内容。
- ◆ 网站必须通过 ICP 备案，个体户备案需与账户主体一致。

手机网站支付具有开发成本低，技术集成相对容易，平台兼容性好，可应用于绝大部分手机及无线设备和支持支付宝余额、快捷支付等多种支付方式的优势。商家可在蚂蚁金服商家中心首页单击“手机网站支付”栏的“我要接入”按钮，根据提示完成签约。

知识加油站

前述支付宝商家支付产品，签约订单均为一年的有效期，分别会在到期前 45 天、30 天、20 天及 10 天时收到邮件或者短信通知（前提是要开通通知功能，且预留的邮箱及手机号码均真实有效）提醒续签。成功续签后，续签的新订单会自动生效，原订单到期自动作废。

1.3.5 自主开通微信买单

微信买单是一款可自助开通、免开发的微信支付收款产品。微信买单能帮助商户生成收款二维码，商户下载收款二维码并张贴在门店内，消费者可扫描收款二维码向商户付钱，适用于无开发能力的商户。

微信买单的主要功能包括门店收款码、收款通知、活动报名和经营报表。下面来看看如何自主开通微信买单。

进入手机微信客户端，关注“微信支付商户通”公众号，并进入“微信支付商户通”公众号页面。选择“申请开通”下拉列表中的“接入指南”选项，在打开的页面中选择“微信买单”选项，如图 1-38 所示。

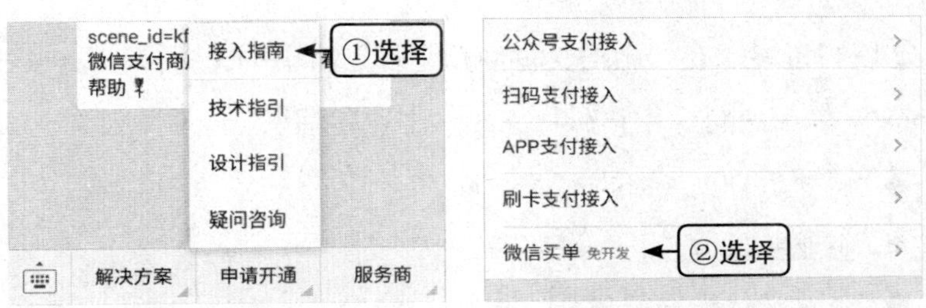

图 1-38

在打开的页面中点击“立即注册”按钮，接下来进入资料填写和上传页面。按照页面提示完成填写并提交资料，如营业执照、法人身份等，如图 1-39 所示。

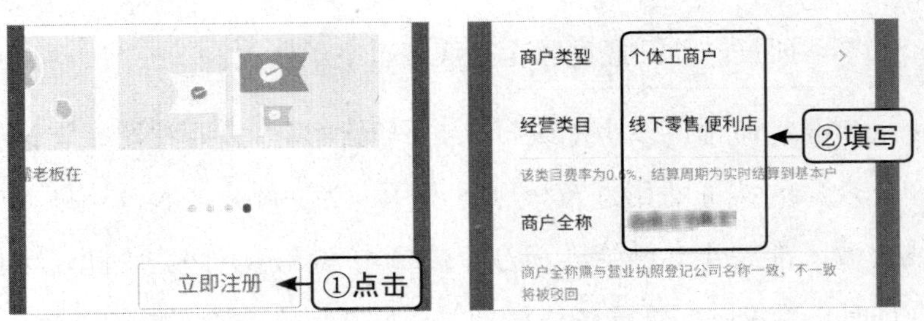

图 1-39

待资料审核通过后，需在手机端回填打款金额，完成微信买单的开通。开通后，可在微信买单功能页添加门店、设置店员，申请官方物料或打印收款二维码摆放在收银处。

1.3.6 扫描二维码的扫码支付

扫码支付是指商户系统按微信支付协议生成支付二维码，用户再用微信“扫一扫”来完成支付。适用于 PC 网站支付、实体店单品付款等场景。商家开通微信扫码支付，可按以下步骤进行操作。

①注册账号。在微信公众平台（https://mp.weixin.qq.com/）注册公众号，选择账号类型为服务号（政府或媒体订阅号），并完成微信认证。

②填写资料。在“微信支付商户平台”网页端（https://pay.weixin.qq.com/）填写资料，申请微信支付。主要包括以下三项资料。

- ◆ 经营类目以及对应经营资质。
- ◆ 企业联系信息。
- ◆ 企业银行账户等信息（其他资料诸如企业法人信息、营业执照等将直接从微信公众号认证资料中获取，无须重新填写）。

③商户验证。在资料提交后，微信支付系统会向商户的计算账户中打一笔数额随机的验证款。待资料审核通过后，查收款项，登录商户平台，填写款项数额。数额正确即可通过验证。

④签署协议。验证通过后，在线签署电子协议。

从前面的流程可以看出，接入扫码支付首先需要注册并认证公众号，公众号的认证费用是审核服务费用，为 300 元 / 次，认证无论成功或失败，都需要支付给第三方审核机构审核服务费。因此在申请微信认证时，商家一定要仔细填写相关信息并上传正确清晰的资料。

1.3.7 调起微信进行 APP 支付

微信 APP 支付是指商户通过在移动端应用 APP 中集成开放 SDK

调起微信支付模块来完成支付，适用于在移动端 APP 中集成微信支付功能的场景。

接入微信 APP 支付首先要前往开放平台注册成为微信开放平台开发者，注册流程如下所示。

进入微信开放平台官网首页（https://open.weixin.qq.com/），单击"注册"超链接，如图 1-40 所示。

图 1-40

在打开的页面中填写邮箱、密码和验证码，选中"我同意并遵守上述的《微信开放平台开发者服务协议》"复选框，单击"下一步"按钮，如图 1-41 所示。

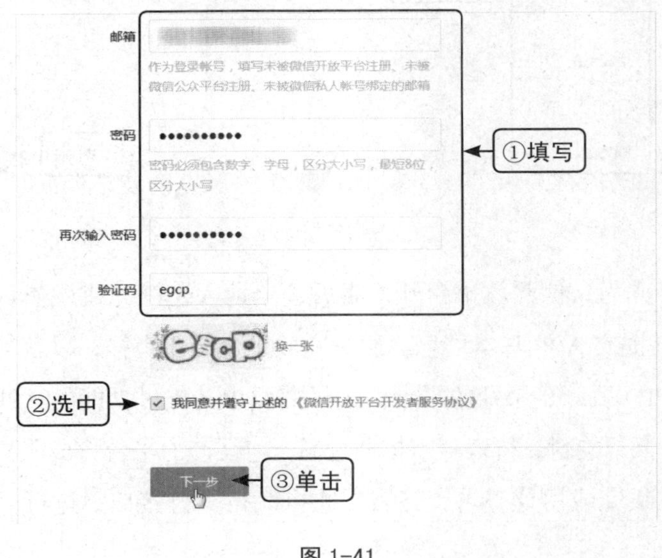

图 1-41

进入邮箱激活页面，单击“登录邮箱”按钮。登录邮箱后，单击激活链接，如图 1-42 所示。

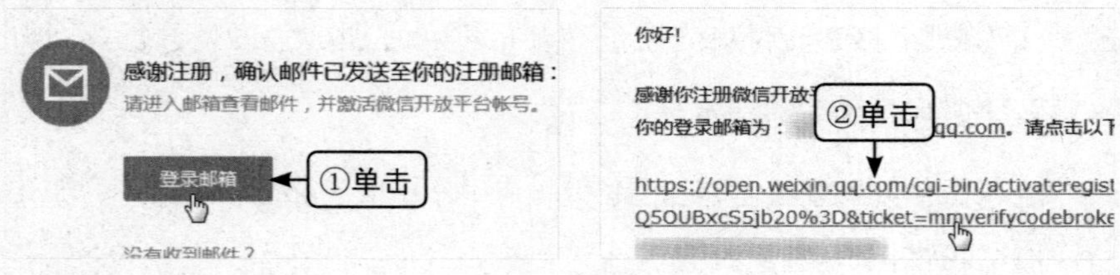

图 1-42

邮箱激活后，在打开的页面中填写开发者信息，包括企业注册地、注册人信息和真实姓名等，填写完成后使用本人微信扫描二维码进行绑定管理，再单击“完成”按钮，如图 1-43 所示。

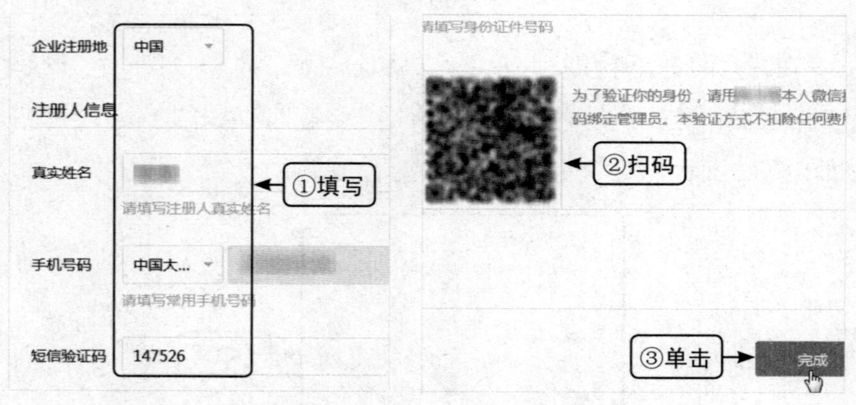

图 1-43

注册成为微信开放平台开发者后，申请人还需完成微信认证和创建 APP 并提交 APP 基本信息，通过开放平台应用审核，以获得成本。获得 APPID 后，登录开放平台，选择需要申请支付功能的 APP，提交资料申请微信支付，待资料审核通过后，前往商户平台完成账户验证。最后，在线完成协议签署，签署后才可获得支付接口，进行交易及资金结算。

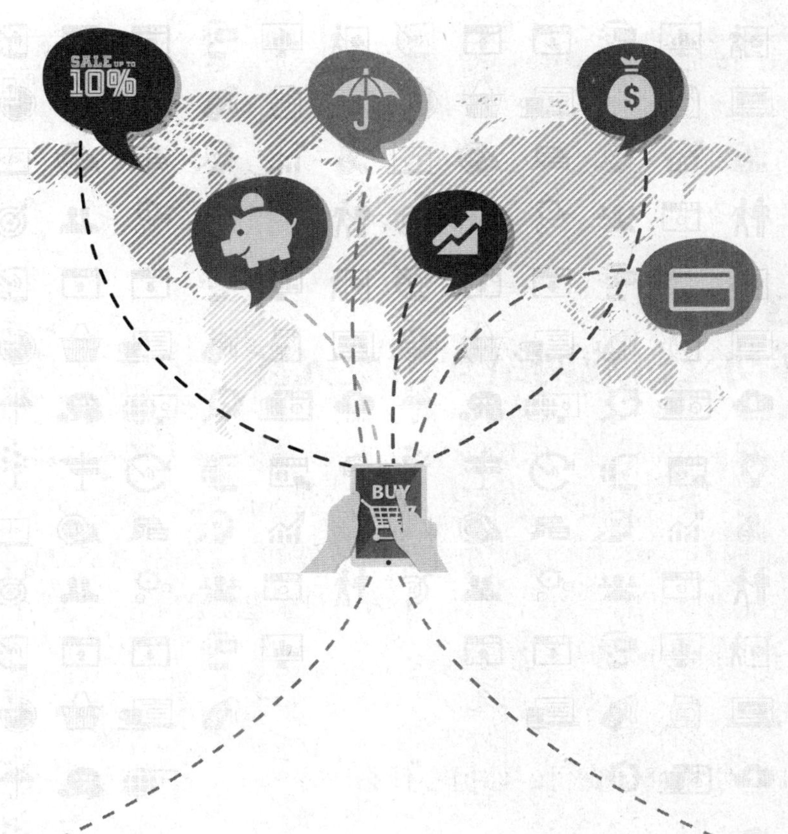

第2章

快捷支付，但不要忘了管好手机钱包

智能手机的普及，让越来越多的人习惯使用手机支付完成交易。手机支付为支付提供了便利，但其中也隐藏着许多安全风险。对手机支付用户来说，了解必要的安全常识是很有必要的，这有助于保障手机支付的安全。

2.1 移动支付成网络安全重灾区

根据第 40 次《中国互联网络发展状况统计报告》显示，截至 2017 年 6 月，我国手机网民规模达 7.24 亿，较 2016 年底增加 2830 万人。移动支付用户规模达 5.02 亿，线下场景使用特点突出，4.63 亿网民在线下消费时使用手机进行支付。移动支付正逐渐成为主流支付方式的当下，也成为网络安全的重灾区。

2.1.1 使用移动支付，你担心什么

若问手机用户“使用手机支付，担心的是什么”，相信不同的人会有不同的回答。根据中国银联发布的《2016 移动支付安全调查报告》（简称《报告》）显示，2016 年移动支付用户关心问题的比例如图 2-1 所示。

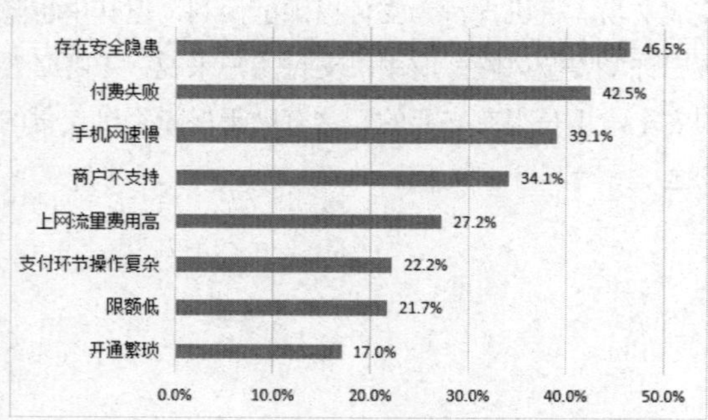

图 2-1

从图 2-1 可以看出，存在安全隐患和付费失败是用户最关心的问题，分别占比为 46.5% 和 42.5%。其次手机网速慢、商户不支持也是用户较为关心的问题。

《报告》显示，对于未来的移动支付，用户认为安全性和应用范围最需要改善，如图 2-2 所示。

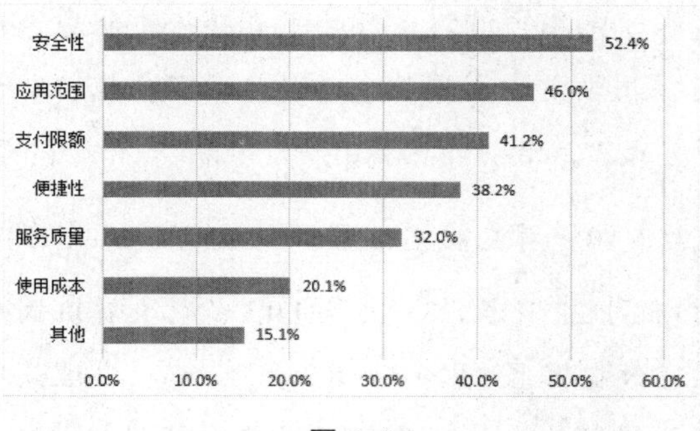

图 2-2

手机支付用户之所以最关心安全问题，是因为手机安全隐患问题日益凸显，如电信诈骗、病毒软件等。

2.1.2 短信诈骗让资金不翼而飞

短信诈骗是指利用手机短信骗取金钱或财产的行为。随着人们认知水平的提高，短信骗术也层出不穷，花样繁多。如以下诈骗短信。

诈骗短信案例一：冒充明星

你好，我是 ××（明星名字），来中国巡演，在机场被热情的粉丝围住，和公司失去了联系。我身无分文，乱输了一个电话号码，就找到了你，实在是缘分，能给我打 1000 块钱吗？等我联系到公司还你 10000 块，还有我的亲笔签名照和手写感谢信。还可以给你演唱会 VIP 门票，你能帮帮我吗？账号是 6212……

诈骗短信案例二：冒充交管部门

尊敬的车主，您的小型汽车违反禁止标线指示，登录jiao××.×××查询。

诈骗短信案例三：冒充银行

尊敬的客户：基于在×行良好的交易记录，您已获得申办我行信用卡的资格。您可凭此短信到我行享受直接办卡服务，成功办理后更可参加【×行信用卡首卡周周刷】活动，运动摄像机、新秀丽行李箱等丰富礼品等您来拿，活动详见http://t.××/×××【××银行】。

诈骗短信案例四：冒充航空公司

您预订的08月22日长沙－大连HU××次航班因起落架故障已被取消。请及时致电客服×××−××××××办理改签或退票。给您带来不便敬请谅解！（注：改签或退票补偿误机费300元）【××航空】。

从上述案例可以看出，诈骗短信的内容可谓丰富多彩。由于短信诈骗科技含量不高且诈骗成本低，因此骗子常常采取广撒网的方式来行骗。

日常生活中，手机银行、网络平台通知以及消费提醒都是通过手机短信来提示的。因此许多手机用户在收到诈骗短信后，会下意识地相信短信内容，这就使骗子有了可乘之机。

一类受骗人群是因为点击了诈骗短信中的链接，而导致银行卡或支付宝中的资金不翼而飞。为什么手机用户会因为点击链接导致资金被转走呢？其实，这些链接大多是木马或病毒，能通过拦截银行快捷支付验证短信、复制下载手机上保存的各类信息等方式盗取用户钱财。

另一类受骗人群则是因为误信短信内容，直接使用手机或网银等方式将钱打到骗子的账户上。实际上，很多诈骗短信的内容都不值得推敲，而且部分内容还有让人啼笑皆非的错别字，但仍有不少人上当受骗。

如今，诈骗短信可谓无孔不入。那么我们应该怎么防范诈骗短信呢？主要有以下几种方法。

- **带链接的短信不轻易打开**：不管是熟人发来的还是陌生人发来的短信，若短信中带有链接，那么不要轻易打开。若误点了，应立刻将手机恢复出厂设置或重装系统。
- **不要贪心**：若收到了类似于中奖或抽奖的短信，不要盲目相信自己真的中奖了，也不要毫无戒心地参与抽奖活动，因为“馅饼”不会平白无故地掉下来。对于这种短信，直接删除即可。
- **核实后再转账**：如果收到亲友要求借钱或转账的短信，那么应先打电话进行确认，确认是本人后再转账，且确保亲友发来的银行账号的姓名与亲友本人的姓名是对应的,若不是则要警惕。如果涉及的款项较大，应该要求对方见面并写下借条。对于陌生人要求的借款，应直接拒绝不予理睬。

2.1.3 让余额瞬间归零的钓鱼软件

钓鱼软件是一种隐蔽性较高，能够远程控制用户手机或电脑的恶意软件。钓鱼软件常常以精心设计的虚假页面和具有诱导性的文字或图片来以假乱真。

钓鱼软件通过窃取用户手机中的短信、联系人和各类账号等信息，危害用户隐私和财产安全。钓鱼软件是如何进行诈骗的呢？

王先生是有车一族，在网页浏览信息时无意中看到了“下载加油卡充值手机客户端，可获得折扣加油卡”的提示信息。面对低价加油卡的诱惑，王先生按照提示下载并安装该加油卡充值 APP。

令王先生没有想到的是，此时他已经落入了骗子的圈套中。进入该 APP 的主界面后，王先生根据页面提示使用支付宝充值了“折扣加油卡”。但实际上，王先生充值购买加油卡的钱并没有真正充值加油卡，而是落入了骗子的囊中，等到王先生发现受骗时已悔之晚矣。

大多数钓鱼软件都会抓住消费者“贪便宜”的心理进行营销，如“客户端更低价”“客户端免费送 ××”及“刷单赚钱”等。针对钓鱼软件，主要有以下防范方法。

- **安全途径下载软件**：在下载各种手机软件时，手机用户要到知名度比较高的手机应用市场下载，网页上的软件下载链接不要轻易点击，也不要随意下载和安装未知来源的手机软件。
- **注意官方标志**：正规的手机 APP 都有官方标志，许多钓鱼软件擅长模仿其他知名的 APP，此时手机用户要擦亮眼睛，注意识别其中的不同之处。
- **留意启动页面**：在不慎下载并安装钓鱼软件后，可以通过软件启动页面来识别软件的真假。正规的应用，其启动页面都是很干净的，如果启动页面出现类似于“×× 市场联合首发”等字样，那么就要留意了，这种软件一般很不安全。

2.1.4 “有毒”二维码的荼毒

二维码是移动设备上超流行的一种编码方式，它是由特定的几何图形构成的。二维码在生活中应用广泛，如手机支付扫描二维码、影院购票扫描二维码及二维码解锁共享单车等。

在生活中出现频次超高的二维码如今也成为骗子实施诈骗的工具。目前，23% 的手机木马和恶意广告插件都是利用二维码来传播的。而由于二维码是否带有病毒或木马凭肉眼根本无法看出，这就使得普通消费者难以防范。

虚假二维码的制码技术几乎是零门槛，不法分子可以很轻易地将病毒、木马程序或扣费软件等植入二维码中，再用这些虚假二维码替换正规的二维码，如有不法分子将虚假转账二维码贴在共享单车上，覆盖原二维码，当用户扫码开锁骑车时，却发现出现了本不该有的转账提示内容，如若不注意，钱就会被转走。

除此之外，还有在商家店铺的收银柜台张贴虚假二维码进行诈骗的案例。此类诈骗通过植入木马病毒的虚假二维码，获取消费者手机中的个人信息，实施网络盗刷。

另外，还有直接诱导用户扫描虚假二维码的案例，如浙江曾发生以扫码得红包的形式诱导用户的诈骗案件，用户一旦扫码，各种信息都会被骗子窃取。以二维码为入口的手机诈骗层出不穷，此类诈骗手段的防骗方式如下。

①提高扫码意识。手机用户要提高扫码意识，不要见码就扫，这样很容易落入骗子的陷阱中。

②妥善保管付款码。手机付款码、收款码不要轻易截图或拍照发给他人。如让不法分子获取了，他们可以很轻易地复制，获取用户的银行账户和密码等。

2.1.5 花样多变的电话诈骗形式

电话诈骗是指不法分子通过电话编造虚假信息，对受骗人实施远程、非接触的诈骗计划。下面来看一个案例。

2017 年 8 月 2 日，刘女士接到了自称快递公司某客服的来电，该客服告知刘女士有一个内含 8 个伪造身份证的快件被海关查扣了。刘女士告知“客服”自己并没有伪造身份证的快件。随后客服告知刘女士帮其转接“×× 市 ×× 区刑侦办公室”进行报案。

电话转接后自称“×× 市 ×× 区刑侦办公室”的工作人员称刘女士不仅伪造身份证，还涉嫌洗黑钱。刘女士一听就慌了，此时工作人员告知可帮其洗清案情，并要求刘女士接听“× 科长”的电话并配合接下来的工作。

“× 科长”联系了刘女士，要求刘女士登录某网站查看“拘捕令”，并声称要证明其清白需将自己的财产转移至已开通网银的银行卡中，并要求告知手机验证码和电子密码器密码。刘女士按照“× 科长”的指示进行操作后，发现卡内资金被转走 95 万元。此时刘女士才发现自己上当受骗了。

上述案例是典型的冒充公检法机关来实施诈骗的案件。用户应该明白，公检法机关不会通过电话这种简单的形式来告知当事人涉嫌违法犯罪。同时，普通人无法查看公检法网站上的犯罪记录，如“通缉令”、“逮捕令”等，这类网站都是钓鱼网站。

此类不法分子主要通过假冒办案人员，并恐吓事主的手段来骗取当事人的手机验证码或以要求其转账的方式骗取金钱。面对电话诈骗，有以下防骗方法。

- **识别骗局**：凡是要求自己提供银行账号、手机验证码、支付密码以及其他密码的，不管对方是“办案人员”还是“银行客服”或“朋友”，都可能是骗局。
- **遇事不慌**：当接到“网购退款”、“手机欠费”、“银行卡涉案”和“违法快件被扣”等电话时，首先应保持冷静，然后多方核实，以验证真伪，并做到不轻信，不转账，不泄露手机验证码，这样能有效避免受骗。

2.1.6 虚假 Wi-Fi 盗取账户和密码

外出就餐、玩耍，许多手机用户都习惯连接公共免费 Wi-Fi 上网，但这一行为却隐藏着巨大的风险。“手机连接免费 Wi-Fi 盗取个人信息”的案例有很多。公共免费 Wi-Fi 存在路由器和网络漏洞，这一漏洞很容易遭黑客攻击，手机用户一旦连接，在手机上进行的操作也会被黑客一览无余。

当前，虚假 Wi-Fi 是免费 Wi-Fi 最主要的安全风险，虚假 Wi-Fi 会模拟一个与商家 Wi-Fi 相似的 Wi-Fi 接入点，吸引手机用户连接。待用户接入这个 Wi-Fi 后，再通过分析软件窃取用户信息。

另一种免费 Wi-Fi 的安全风险为山寨 Wi-Fi，山寨 Wi-Fi 与正常 Wi-Fi 名称一模一样，手机用户常常会在不知情的情况下掉入陷阱。针对公共免费 Wi-Fi 的风险，手机用户要做到以下几点。

“蹭网”要谨慎。在公共场所使用公共免费 Wi-Fi 时，不要使用可以自动连接且没有密码的 Wi-Fi。另外，不要使用公共免费 Wi-Fi 登录支付宝、网银等，以避免泄露个人信息，当需要进行支付或查看账号信息时，最好使用数据流量。

不要自动连接。当不需要上网时，关掉手机 Wi-Fi 信号，避免自动连接不安全的 Wi-Fi，当然也可以将 Wi-Fi 连接设置为手动，将主动权掌握在自己手中。

慎用“蹭网”软件。“蹭网”软件能够破解许多公共场所的 Wi-Fi 密码，使得手机用户走到哪里都能上网。但这种软件也存在安全隐患，蹭网软件要慎用。

2.2

如何让手机支付更健康

手机网络诈骗案件每年都在不断增加，其诈骗手段也在不断变化。为了保证“手机钱包”的安全，养成良好的手机使用习惯，并为自己的手机上把“锁”是极其重要的。

2.2.1 避免因不良习惯打开安全漏洞

许多手机用户之所以让不法分子有可乘之机，很大一部分原因在于自己没有良好的手机使用习惯，具体有以下几点。

◆ 嫌麻烦，不设手机屏保密码

手机屏保密码可以说是手机的第一道“安全锁”，但许多用户因嫌麻烦或觉得自己的手机在自己手中很安全，而不设置屏保密码。但许多用户都忽视了手机丢失的可能，一旦手机丢失，在没有屏保密码的情况下，意味着他人可以轻松地获取支付账号信息。

更何况使用手机支付宝、微信支付在商家处付款时，小于 1000 元的交易金额不用验证支付密码即可支付。不设屏保密码，无疑让手机钱包变得很不安全，所以手机用户最好要为自己的手机设置屏保密码。

◆ 不使用客户端网购

在手机上网购，既可以使用网购平台的客户端进行交易，也可以使用浏览器进行交易。相比使用浏览器直接进行网购，使用客户端会更安全。因为浏览器更容易被病毒和钓鱼网站入侵，且支付过程的简化，使利用浏览器购物更容易给个人财产带来危险。

因此对于经常使用的网购平台，手机用户可以在自己的手机中下载客户端，提高网购和支付的安全性。

◆ APP 退出不彻底

在使用了手机中安装的 APP 后，不少用户习惯于直接按“home”键退出程序。但这样退出实际上并不是完全的退出，APP 程序仍会在手机后台运行，这样容易泄露个人信息。在关闭 APP 程序时，最好点击程序中“退出”按钮来实现彻底关闭。

◆ 不用的手机随意处理

手机更新换代的速度越来越快，人们淘汰手机的频次也越来越高。对于不再使用或淘汰的手机，许多用户的做法通常是当二手手机出售、直接扔掉或放在家中。废旧手机如果直接出售或扔掉，里面的个人信息很容易被他人知晓和复制。在处理废旧手机时，要做到以下几点。

①将手机恢复出厂设置或格式化，清除手机中的个人信息。再存储一些无用的信息，将手机存储空间占满。

②不要将废旧手机出售给不正规的渠道，最好出售给相对正规的厂家或参与手机品牌官方举办的以旧换新活动。

③废旧手机不能随意扔掉，如果一定要扔掉也要在删除个人信息后再扔掉。

2.2.2 4 招保证移动支付安全

日常生活中，一些简单的操作会让我们在使用手机支付时更加安全，具体有以下 4 招。

（1）注销手机号码时，解绑账号

当个人的手机号码不再使用时，除了要到营业厅注销手机号外，还需要与以下账号解除绑定。

- **银行卡**：到银行解除当前银行卡绑定的手机号码，或到银行更改当前预留的手机号码。
- **网购平台账号**：登录网购平台，解绑或更换当前手机号码。
- **支付账号**：登录支付平台，解绑或更换当前手机号码。
- **社交账号**：若社交账号是使用手机号码注册的，或社交账号绑定了待注销的手机号，那么也要解绑或注销。
- **其他网站**：若在其他网站平台上绑定了手机号，也需要登录网站修改手机号或解绑。

（2）手机丢失后，做以下处理

手机丢失后应致电运营商挂失手机号，并及时补办。除此之外，还应致电银行冻结手机网银，另外使用手机支付宝和微信支付的用户，还需要致电支付宝和微信支付官方或登录账号，进行挂失或解除绑定的操作。下面以支付宝为例来看看如何快速进行挂失。

进入支付宝官网首页（https://www.alipay.com/），在安全保障下拉列表中选择“安全中心”选项，如图 2–3 所示。

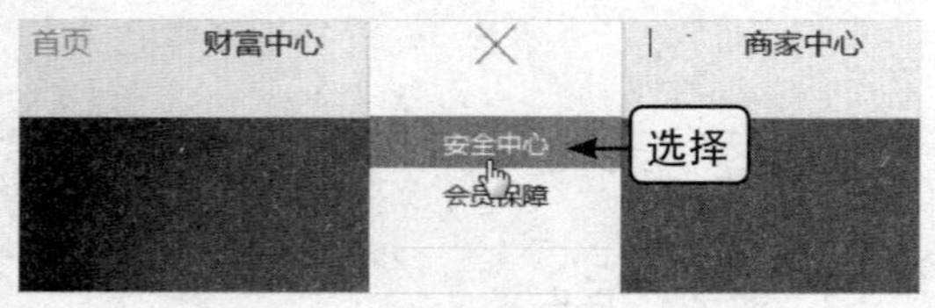

图 2-3

在打开的页面中单击“手机丢失”栏中的“快速挂失”按钮，如图 2–4

所示。

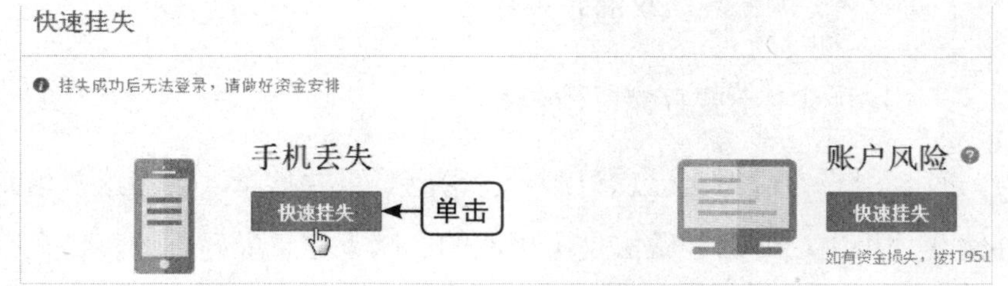

图 2-4

在打开的页面中输入支付宝账号和密码，单击“登录”按钮。进入快速挂失页面，输入支付密码，单击“快速挂失”按钮，即可完成快速挂失，如图 2-5 所示。

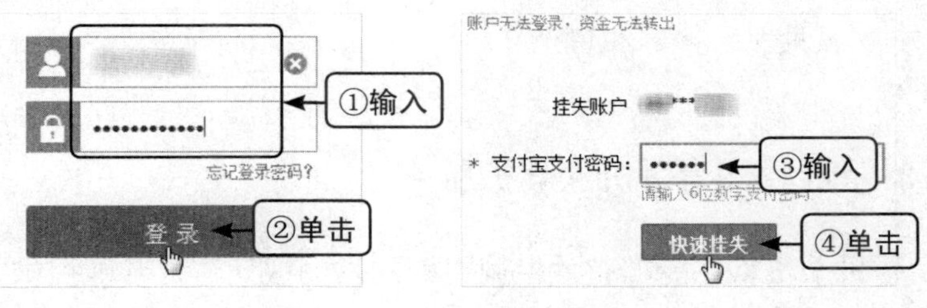

图 2-5

（3）提高个人防范意识

近年来手机网络安全问题频发，但不少用户的防范意识仍不强。在使用手机的过程中，用户应有以下防范意识。

- **不设置简单密码**：支付密码或账号登录密码不应过于简单，最好不要使用个人身份证号码或电话号码作为密码，密码应定期更换。
- **开启安全功能**：智能手机一般自带安全功能，用户不应关闭这些安全功能，如指纹验证、锁屏密码等。

- **谨慎安装应用**：安装手机应用时应谨慎，主要查看应用的权限说明，判断各项权限的必要性。

（4）手机中不要存储以下信息

有时用户为避免自己忘记账号、密码等重要信息，会将这些信息存储在手机中，但这种做法是不可取的，以下信息最好不要存储在手机中。

- 银行卡账号和密码，密码包括手机网银登录密码和交易密码。
- 个人身份证信息不要保存在手机中。
- 支付宝、微信账号和支付密码不要保存在手机中。
- 其他可能会导致资金损失的账号和密码，如股票账号和密码、网购平台账号和密码。

2.2.3 杀毒软件为手机保驾护航

手机杀毒软件能够有效拦截可疑的木马或病毒，并能提供实时监控服务，全方位地保护手机安全。目前市场上的手机杀毒软件有很多，以下几款是比较主流的，手机用户可以根据个人喜好进行选择。

（1）360手机卫士

360手机卫士是一款功能强大，永久免费的手机安全软件，主要功能如下所示。

清理加速。一键加速解决卡慢问题，深度清理释放手机空间。

手机杀毒。国际顶级杀毒引擎，木马病毒无所遁形。

骚扰拦截。自动拦截垃圾短信，骚扰电话不再烦心。

软件管理。轻松告别预装软件，手机应用安全纯净。

除以上功能外，360 手机卫士还具有智能追踪手机位置、远程删除手机数据、全面守护支付环境及实时监控手机流量等功能。用户可在应用市场或 360 手机卫士官网（https://shouji.360.cn/）下载安装客户端，如图 2-6 所示为官网首页，可单击“立即下载”按钮或扫码下载。

图 2-6

（2）腾讯手机管家

腾讯推出的一款免费的手机安全管理软件，集手机杀毒、安全防护、体检加速、健康优化以及软件管理于一体，能为用户提供 360 度的安全防护。对于顽固木马，可以使用“木马专杀工具”进行查杀。木马专杀工具可全方位扫描 ROOT 类顽固木马，让木马无所遁形。

用户同样可在应用市场或腾讯手机管家官网（https://m.qq.com/）下载客户端或木马专杀工具。

（3）瑞星手机安全助手

瑞星手机安全助手是一款功能全面的手机杀毒和安全防护软件，

具体包括手机优化、手机杀毒、骚扰拦截、隐私保护、流量助手、电池助手、防盗助手、隐私监控、上网保镖和二维码扫描等功能。瑞星手机安全助手的下载地址为“http://mobile.rising.com.cn/android/”。

（4）百度手机卫士

百度手机卫士是一款功能超强的手机安全软件，具有如图 2-7 所示的重要功能。软件下载地址为“https://shoujiweishi.baidu.com/”。

图 2-7

2.2.4 手机支付宝安全支付设置

作为常用的支付工具，支付宝的安全问题要引起重视。虽然支付宝已为用户提供了一定的安全保障，如风险监控、实名认证等，但用户也要有防范意识，以下几招可以帮助用户提高支付宝安全。

（1）开启手势密码

大多数支付宝用户都没有开启手势密码，设置手势密码可以保护隐私信息，具体设置流程如下。

登录手机支付宝，在“我的”页面点击“设置”超链接。进入“设置”页面，选择“安全中心”选项，如图 2-8 所示。

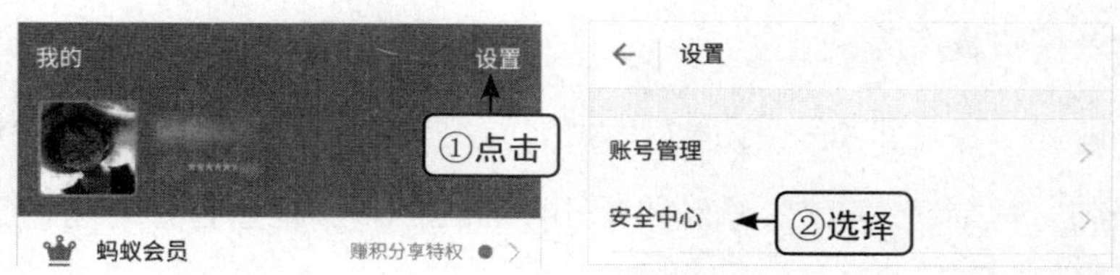

图 2-8

在打开的页面中选择“手势解锁”选项，进入“手势”页面，点击“手势密码”按钮，如图 2-9 所示。

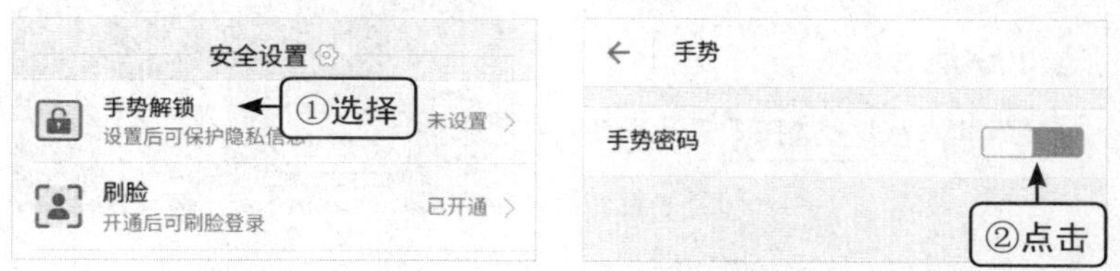

图 2-9

在打开的对话框中点击“知道了”按钮，在打开的页面中绘制解锁图案。再在页面中绘制相同的解锁图案完成设置，如图 2-10 所示。

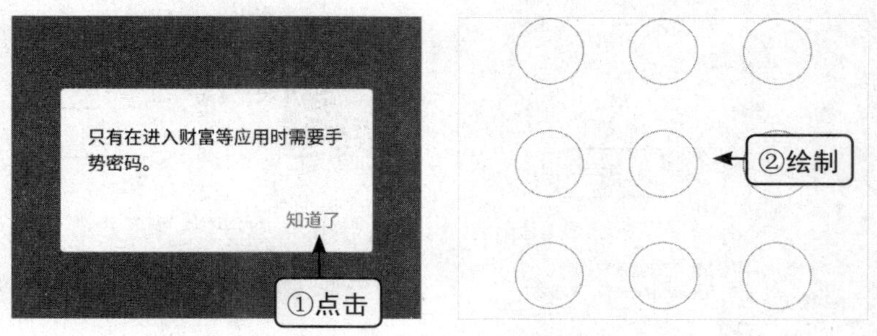

图 2-10

（2）使用支付宝账户安全险

账户安全险是向用户提供全年不限次数、全额赔付、案件快速响应及全程在线理赔等极致保障的保险服务。其赔付范围为支付宝账户里所有因被盗发生的直接损失，如余额、余额宝、快捷支付、招财宝资产及理财资产等。

账户安全险的保障时间为从购买日起一个自然年，没有赔付次数的限制，一个自然年内，累计可赔 100 万元。下面来看看如何购买账户安全险。

登录手机支付宝，进入“我的”页面，选择“保险服务”选项。在打开的页面中点击“产品”按钮，如图 2-11 所示。

图 2-11

进入“蚂蚁保险服务”页面，点击“财产”选项卡。在打开的页面中选择“支付宝账户安全险”选项。如图 2-12 所示。

图 2-12

进入产品详情页，选中“同意《保险条款》《代扣协议》及相关协议”单选按钮，点击“立即投保”按钮。在打开的对话框中点击“确认支付”按钮，如图 2-13 所示。

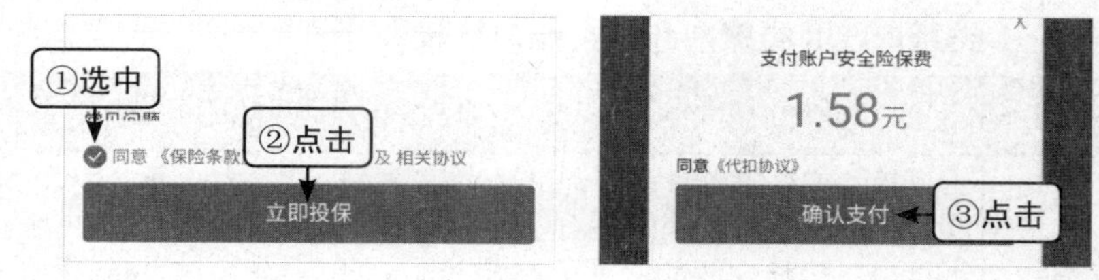

图 2-13

在购买支付宝账户安全险后，如若发生了因他人盗用支付宝账户而导致的资金损失，投保人可按照以下理赔流程申请理赔。

- **在线报案**：在保险详情页面进行在线理赔申请，10 分钟即可完成报案。
- **审核材料**：一对一人工服务会协助投保人准备理赔材料，提交保险公司审核。
- **赔付完成**：保险公司审核通过后，一个工作日内完成赔付。

2.2.5 开立Ⅱ类或Ⅲ类账户

根据《中国人民银行关于改进个人银行账户服务加强账户管理的通知》，在现有个人银行账户基础上，增加银行账户种类，将个人银行账户分为Ⅰ类银行账户、Ⅱ类银行账户和Ⅲ类银行账户。那么什么是Ⅰ类账户、Ⅱ类账户和Ⅲ类账户呢？

简单来讲，Ⅰ类账户是全功能的银行账户，Ⅱ、Ⅲ类账户属于虚拟的电子账户，是在Ⅰ类账户的基础上增设的账户。从功能上来看，Ⅰ类账户、Ⅱ类账户和Ⅲ类账户的功能逐级递减，同时资金风险也逐级递减，这三类账户的比较如表 2-1 所示。

表 2-1　Ⅰ类账户、Ⅱ类账户和Ⅲ类账户比较

项目	Ⅰ类账户	Ⅱ类账户	Ⅲ类账户
功能	全功能，如存款、购买投资理财产品等金融产品、转账、消费和缴费支付及支取现金等服务	部分功能，主要包括存款、购买投资理财产品等金融产品、限定金额的消费和缴费支付等服务	部分功能，主要包括限定金额的消费和缴费支付服务
限额	无限制	银行与存款人协商确定资金划转限额。银行应根据自身风险管理水平和存款人风险等级，与存款人约定办理消费和缴费支付的单日累计支付限额，但最高额度不超过 10000 元	Ⅲ类账户余额不得超过 1000 元，账户剩余资金应原路返回同名Ⅰ类账户
账户形式	借记卡和存折	电子账户	电子账户

Ⅱ类账户和Ⅲ类账户虽然不具备存取现金功能和实体介质，但其具有消费和缴费等支付功能，仍可以与第三方支付平台绑定作为支付工具。由于Ⅱ类账户和Ⅲ类账户具有额度的限制，在日常交易中可将Ⅱ类账户和Ⅲ类账户绑定支付宝或微信支付，这样可以大大降低资金风险。

用户可通过柜面开户、自助机开户和电子渠道开户三种方式开立Ⅱ类账户和Ⅲ类账户。

2.2.6 确保第三方支付拥有支付牌照

在日常生活中，还有不少用户会使用除支付宝和微信支付以外的第三方支付工具。在使用其他第三方支付工具前，应首先了解该机

构是否具有《支付业务许可证》，以确保该机构是能够合法从事支付业务的企业。用户可以在中国人民银行官网（http://www.pbc.gov.cn/），单击“公开目录”超链接，在打开的页面中选择“行政审批公式”选项，再单击“已获许可机构（支付机构）”超链接查询第三方支付牌照。如图 2-14 所示为当前已获许可的部分支付机构。

索引号	公开信息名称	生成日期
Z2000133000019	支付宝（中国）网络技术有限公司	2016年5月3日
Z2000231000010	银联商务有限公司	2017年5月15日
Z2000311000013	资和信电子支付有限公司	2016年5月3日
Z2000444000013	财付通支付科技有限公司	2016年5月3日
Z2000531000017	通联支付网络服务股份有限公司	2017年6月6日
Z2000611000010	开联通支付服务有限公司	2016年5月3日
Z2000711000019	易宝支付有限公司	2016年5月3日
Z2000831000014	快钱支付清算信息有限公司	2017年5月15日
Z2000931000013	上海汇付数据服务有限公司	2016年5月3日
Z2001031000010	上海盛付通电子支付服务有限公司	2016年5月3日
Z2001111000013	北京钱袋宝支付技术有限公司	2016年5月3日
Z2001231000018	东方电子支付有限公司	2017年5月15日
Z2001344000012	深圳市快付通金融网络科技服务有限公司	2016年5月3日
Z2001444000011	广州银联网络支付有限公司	2017年5月15日
Z2001511000019	北京数字王府井科技有限公司	2016年5月3日
Z2001611000018	北京银联商务有限公司	2016年5月3日

图 2-14

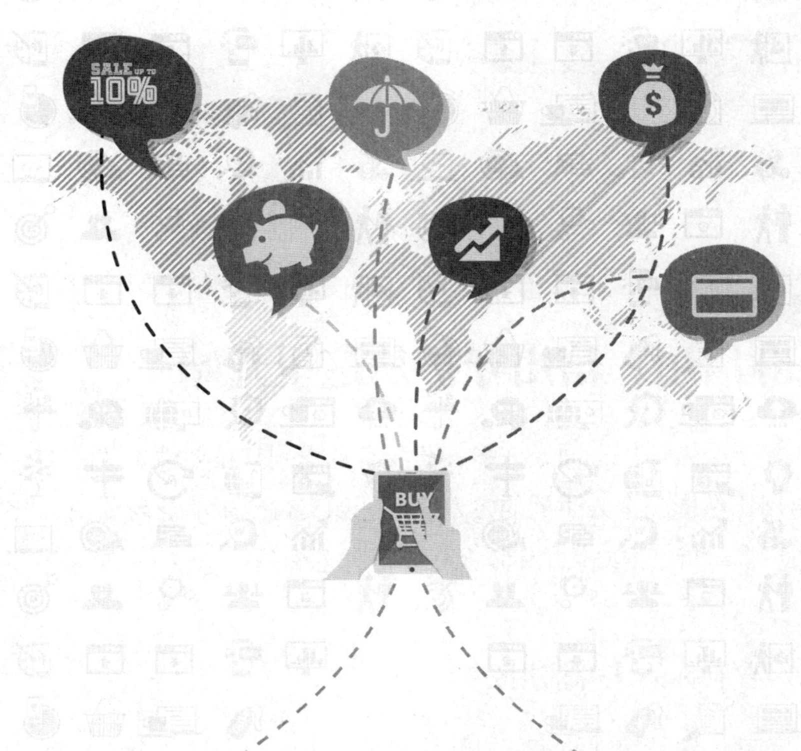

第3章

支付宝个人信用借款，随借随还

在当前庞大的贷款品种中，很大一部分贷款属于信用贷款。作为全球领先的第三方支付平台，支付宝也为广大用户提供了便捷的贷款服务，那么支付宝中有哪些贷款产品呢？下面来具体看看。

3.1

芝麻信用，信用守护从这里开始

关于个人信用方面，许多人还没有意识到其重要性。实际上，个人信用正在影响个人生活的方方面面。如支付宝中的芝麻信用，就与个人现金借贷、申办信用卡以及租车等息息相关。

3.1.1 看看你的芝麻信用分

芝麻信用是独立的第三方征信机构，主要用来评估个人和小微企业的信用状况。芝麻信用能够评价和预测个人或企业经济信用方面的违约概率。芝麻信用评分主要通过 5 个方面的维度来对个人信用进行综合评估，如图 3–1 所示。

图 3–1

支付宝用户根据上述5个方面的维度情况来了解个人的信用状况，从而得出评分。芝麻信用分是综合评估的结果，无法通过单方面行为迅速提升。每一个使用支付宝的用户都拥有属于自己的芝麻信用分，用户可以在支付宝中查询自己的芝麻信用分，具体操作如下。

登录手机支付宝，在“我的”页面中选择“芝麻信用”选项。打开的页面中即可查看到个人的芝麻信用分，如图 3–2 所示。

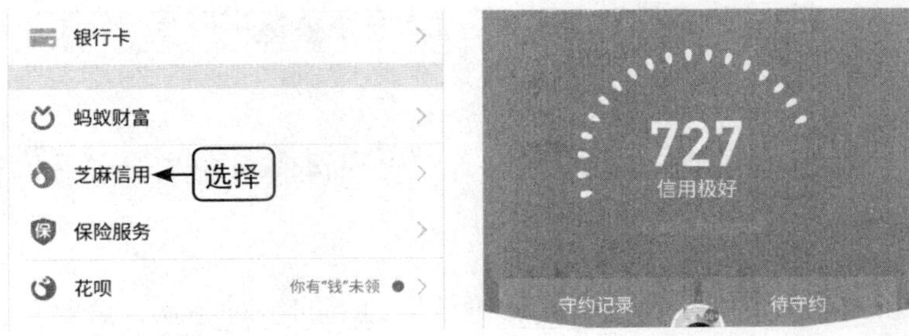

图 3-2

芝麻信用分的信用等级分为5级,不同级别对应不同的芝麻信用分，具体如表 3-1 所示。

表 3-1 芝麻信用分信用等级

等级	评分	评级
一等级	700 ~ 950	信用极好
二等级	650 ~ 700	信用优秀
三等级	600 ~ 650	信用良好
四等级	550 ~ 600	信用中等
五等级	350 ~ 550	信用较差

芝麻信用分等级越高能够享受的福利也越多，每月的 6 号，芝麻信用会进行一次芝麻信用分的评估。

3.1.2 如何提升个人芝麻信用分

不少人可能会认为要提升芝麻信用分，只要“买买买”就行，实际上，这样的想法是不正确的。首先要明确一点，芝麻信用分并不是消费积分，并不是消费越多分就越高。另外，芝麻信用分也不是会员积分或贷款额度，单纯的“买买买”、转账等行为对整体信用提升的作用是相对局限的。

芝麻信用分的提升没有捷径，只有长期积累才能提升，具体有以下积累方法。

①建立个人信用履约记录，包括信用卡的按时还款，金融、生活等信用服务的按时履约。

②量入为出，适当消费，稳定存款，保证自己不做“月光族”，稳定增加个人存款。

③保持个人信用的稳定性，如个人身份信息、手机号码和居住地等信息的稳定性。

④适度地使用金融信贷产品，避免过度借贷。过多地使用信用卡或信贷产品，即使按时履约也会对信用评估造成一定影响。

芝麻信用分的评分标准有一项为身份特质，身份特质包含学历、职业、行为的实名性以及稳定的身份等。真实全面的身份特质有助于芝麻信用分的提升，因此可以通过完善身份特质的方法来帮助芝麻信用更好地进行信用评估，具体操作如下。

在芝麻信用分查询页面点击“信用管理”按钮，在打开的页面中选择“个人信息”选项，如图 3-3 所示。

图 3-3

进入个人信息补全页面，选择要补全的个人信息，如选择“学历学籍”选项，在打开的“学历学籍”页面中选择“地区”选项，如图 3–4 所示。

图 3–4

在打开的页面中选择所在地区，在返回的页面中按照相似的操作填写院校名称和当前状态信息，如图 3–5 所示。

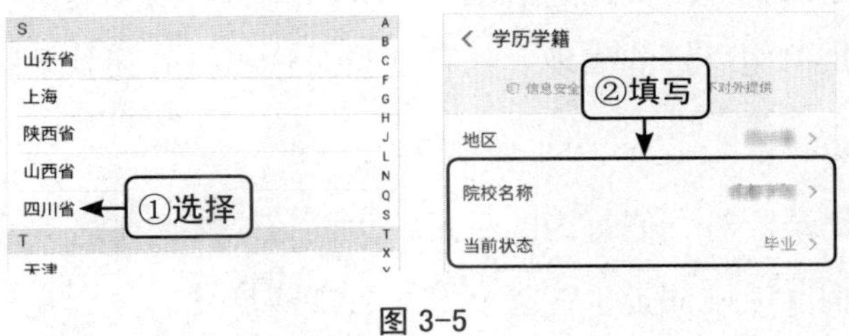

图 3–5

若当前状态为“毕业”会要求填写最高学历和毕业时间，填写完成后点击“提交”按钮。在打开的提示对话框中点击“继续提交”按钮，如图 3–6 所示。

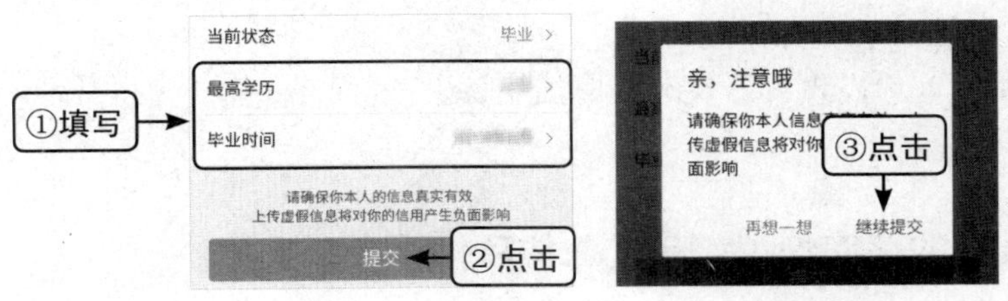

图 3–6

3.1.3 信用管理，全面评估信用状况

在“信用管理”页面，可以进行个人信息、芝麻通行证、待守约、守约记录、负面记录、授权管理和信用互查的管理。

个人信息。包括职业信息、驾驶证、车辆信息和信用卡账单等。当月月底前补全的信息，经评估后，将从次月 6 号开始产生影响。

芝麻通行证。可帮助管理个人信息，以便获得更多的信用服务。可选择申请手机卡和提额两种用途的通行证。

待守约。当前支持借呗、花呗、电信合约机和信用借还等信用守护查询。

守约记录。是在使用芝麻信用相关服务后，按时履约行为的汇总与记录，是信用良好的表现。如花呗当月账单按时还款可算一次守约记录。

负面记录。对失信行为的记录，负面记录来源于各个合作机构。如合作机构反馈逾期记录，芝麻信用会如实展示。负面记录对芝麻信用评分和使用其他信用服务有一定影响，但如果后续保持良好信用行为，随着时间推移，负面记录的影响会越来越小。

授权管理。可对芝麻信用合作商户进行授权管理，如可取消花呗的授权。

信用互查。可以查询好友的芝麻信用分。

3.1.4 700 分的芝麻信用，享先入住后付款

良好的信用记录能让我们享受很多信用服务，如小猪短租的先入

住后付款服务。只要支付宝用户的芝麻信用分在 600 分以上，即可享受免押金住民宿的服务。若芝麻信用分在 700 分以上，即可随时享受先住后付的服务。要享受小猪短租提供的信用服务，首先需要授权芝麻信用，具体操作如下。

在芝麻信用分查询页面点击“信用生活”按钮，在打开的页面中点击“先入住 后付款”按钮（每月服务会有变化，以页面信息为准），如图 3–7 所示。

图 3–7

在打开的页面中点击“立即享优惠”按钮，进入“小猪－先住后付”页面，点击“立即签约”按钮，如图 3–8 所示。

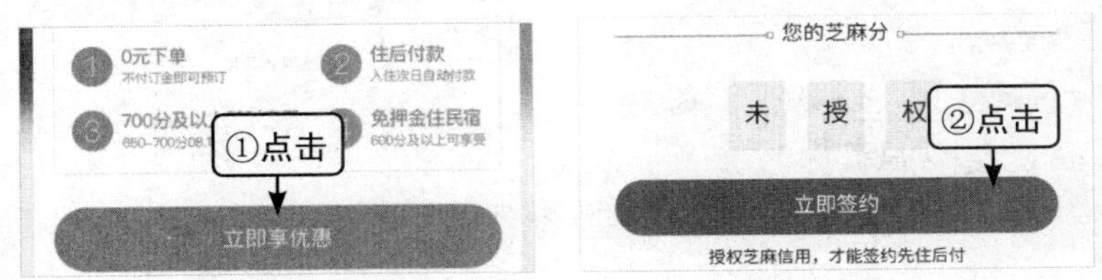

图 3–8

完成授权后，在打开的页面中注册账号或输入账号、密码登录，登录后即可开启小猪短租之旅。

3.1.5 有信用，免押金租借物品

免押金租借是支付宝提供的另一信用服务，芝麻信用分在 600 分

及以上的用户有资格在指定的借还服务点，享受信用借还服务的权利。在享受借还服务权利前，需了解以下借用规则。

- 每天只能借用一件物品，每种类型物品只能借用一件。
- 在借用物品后的指定时间内，需将物品归还至指定商户服务点。归还时要保持物品完整，并待工作人员确认归还后再离开。
- 获得信用借还资格的用户，必须本人使用，不得以任何形式转让、买卖借用资格，违者将丧失借用资格。

当前支付宝提供的借用物品有充电宝、雨伞、玩具、出境 Wi-Fi、数码和服装。如若借用的是电子设备，则不要在高温或潮湿的环境中放置或使用，不要在阳光下暴晒，也不能将产品投入火中或水中。下面来看看如何借用物品。

在芝麻信用分查询页面，点击“信用生活”按钮，在打开的页面中点击“借物”按钮，如图 3-9 所示。

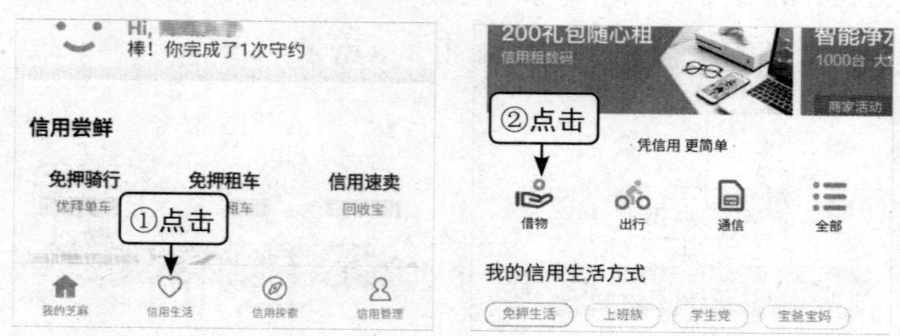

图 3-9

进入“信用借还”页面，选择要借用的物品类型，如点击“玩具”按钮。进入“玩具租赁”页面，选择玩具租赁类型，如选择“玩多多”选项，如图 3-10 所示。

图 3-10

在打开的页面中选择要租赁的玩具，如选择“乐高”选项。进入“服务授权”页面，点击“确认授权”按钮，如图 3-11 所示。

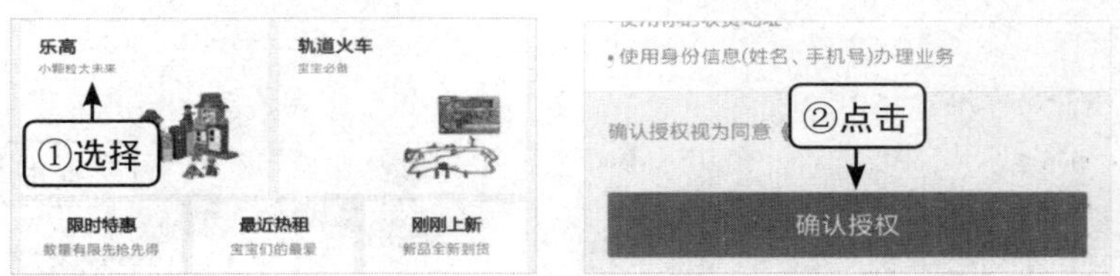

图 3-11

在打开的页面中选择男孩或女孩，这里保持默认的“男孩”选项，填写姓名和出生日期，点击“保存”按钮。在打开的页面中选择要租赁的玩具，如图 3-12 所示。

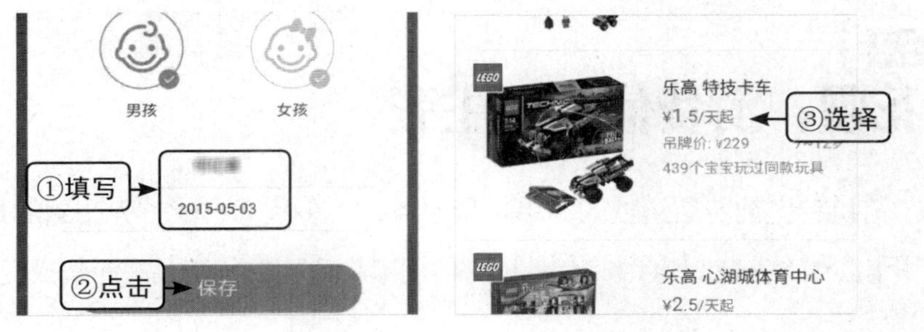

图 3-12

在打开的页面中点击“我要租”按钮，添加购物车后点击“购物车”按钮，如图 3-13 所示。

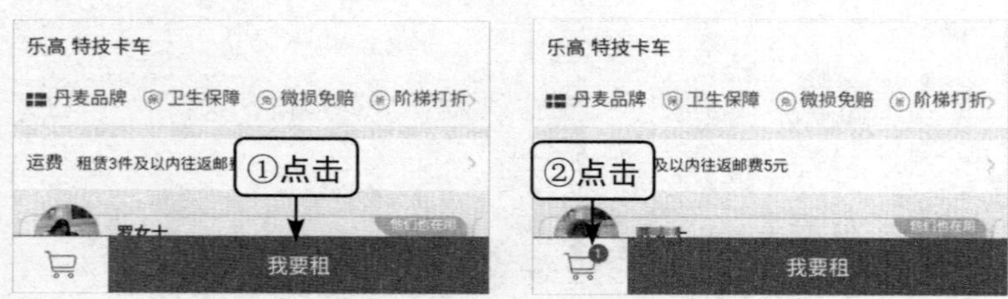

图 3-13

进入“租赁”页面，选中要租赁的玩具的单选按钮，点击“去结算”按钮，最后再根据页面提示完成付款结算，如图 3-14 所示。

图 3-14

3.2 花呗，消费信贷新主张

说起先消费后还款的简单信贷服务，大多数人可能首先想到的是信用卡。如今在支付宝中，有一种与信用卡相似的信贷产品——蚂蚁花呗。

3.2.1 花呗是什么，如何开通

花呗是蚂蚁金服提供给消费者的“这月买、下月还”的网购服务，具有以下特点。

①当月买，下月再还款（淘宝天猫交易时除部分淘宝旅行、充值和电影票等特定类目为确认收货后下月还款，其他平台交易时下单付款后下月还款）。

②免费使用消费额度购物（若使用花呗分期购，买家需按商家设定的费率，承担指定费用）。

③还款方便，支持支付宝自动还款。

支付宝用户要开通花呗，首先要满足花呗的开通条件，具体有以下 5 点。

- 大陆实名认证用户。
- 年龄在 18 ~ 60 周岁的中国公民。
- 支付宝账户手机绑定。
- 账户支付功能开通。
- 支付宝支付正常使用中。

满足以上条件后，系统会根据用户账户的综合情况进行评估，最终确定用户是否能够开通花呗，以及额度多少。下面来看看如何开通花呗。登录手机支付宝，在“全部应用”页面，点击“花呗”按钮。在打开的页面中点击“同意协议并开通花呗”按钮，如图 3-15 所示。

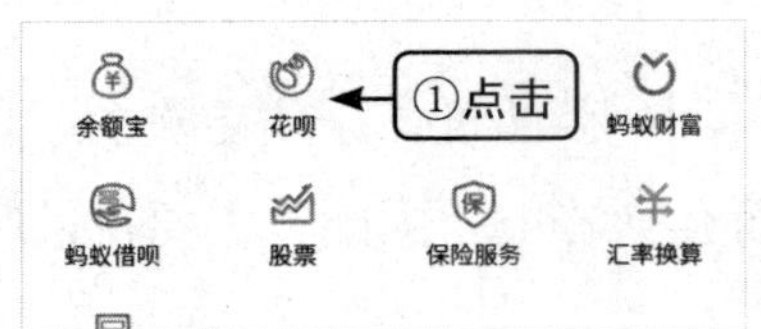

图 3-15

打开新的页面，输入支付密码即可完成花呗的开通，如图 3-16 所示。

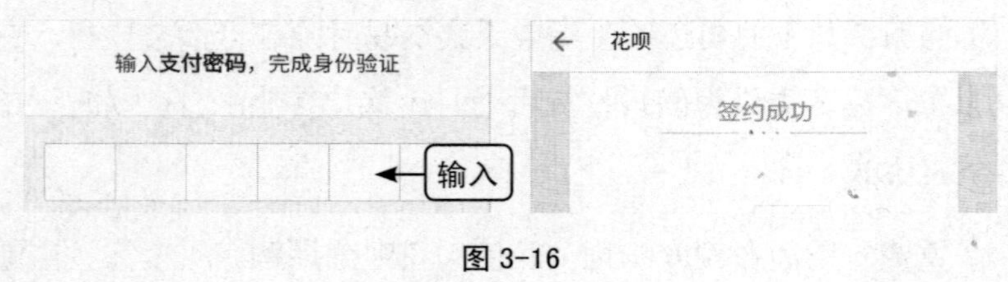

图 3-16

3.2.2 花呗的还款日是什么时候

花呗的账单日为每月 1 号，还款日一般为每月 9 号或 10 号。不同用户的还款日可能有所不同，用户可以在支付宝进行花呗还款日的查询，具体操作如下。

在支付宝“全部应用”页面点击“花呗”按钮，进入“花呗”页面，点击“下月应还”超链接，在打开的页面中可以查看已出账账单和未出账账单，若没有记录，则显示“暂无账单”，如图 3-17 所示。

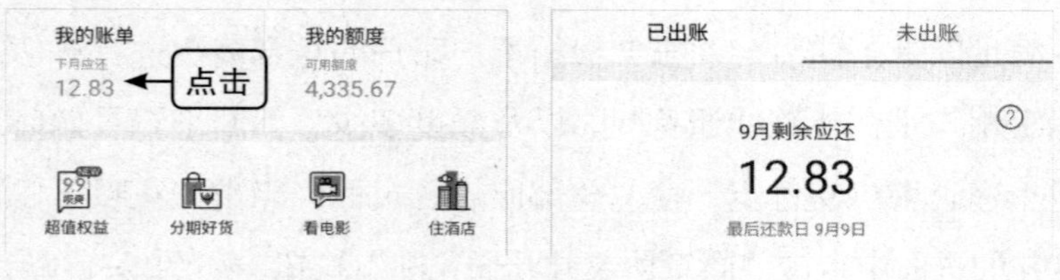

图 3-17

最后还款日是花呗的最后还款时间，若超过该日期还款，则会收取一定的逾期费用，且可能对个人征信有影响。因此一定要在最后还款日前还清款项。

使用花呗消费后，用户可以自助还款，也可以让花呗自动还款。花呗自动还款功能是默认开通的，系统会在每月还款日前自动还款。同时若有逾期，逾期后每一天系统也会进行自动扣款，因此要保证账户金额充足。自动扣款的顺序如下所示。

①若设置过支付顺序，则按自行设置的支付顺序进行扣款（不含信用卡）。

②如未设置支付顺序，则按余额 > 借记卡快捷 / 卡通（按照签约顺序从最近往最早顺序轮询，最多轮询 20 张）> 余额宝（需开通余额宝代扣功能）的方式进行扣款。

知识加油站

需要注意的是，花呗自动还款暂时不支持邮政储蓄银行的储蓄卡快捷、卡通代扣。余额宝支付若有超限、账户安全原因等问题，将无法使用余额代扣。另外，因个人原因导致延迟还款的花呗逾期记录是无法删除的，个人原因包含身体原因、被限制人身自由及转借他人使用等。根据央行的规定，逾期记录会保留 5 年。

3.2.3 使用花呗如何购物

花呗最主要的功能就是先消费后还款，那么如何使用花呗进行购物消费呢？使用花呗进行购物，只需要在确认订单并支付时，在支付宝“确认付款”页面选择“付款方式”选项，在打开的页面中选择“花呗”选项，返回付款页面后，点击“立即付款”按钮，再输入支付密码完成付款即可，如图 3–18 所示。

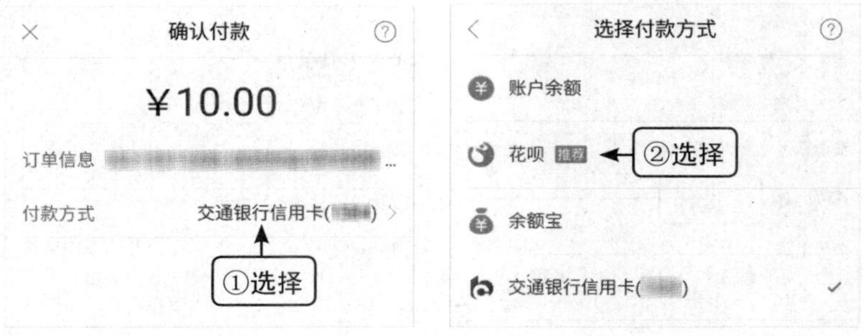

图 3–18

另外，还可以通过设置扣款顺序的方式，将花呗设置为首要付款方式，这样就不需每次交易时都更换付款方式了。下面来看看如何设置扣款顺序。

在“我的”页面点击“设置”超链接，在打开的页面中选择“支付设置”选项，如图 3–19 所示。

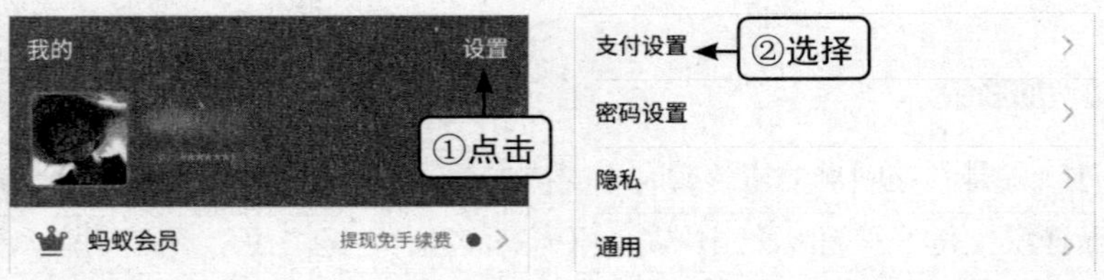

图 3–19

进入“支付设置”页面，选择“扣款顺序”选项。在打开的页面中点击“自定义扣款顺序”按钮，如图 3–20 所示。

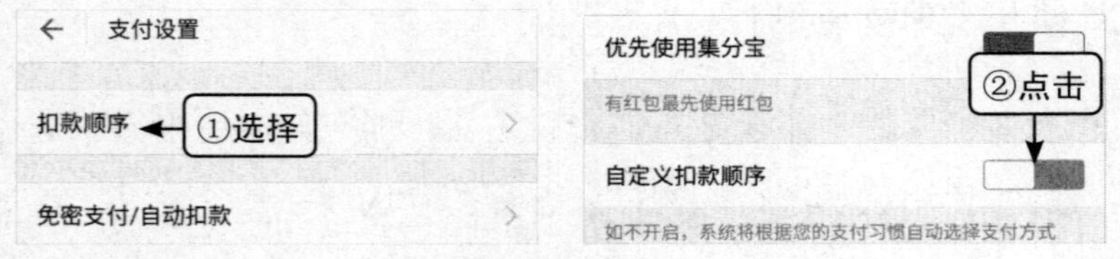

图 3–20

在打开的下拉列表中选择“花呗”选项，点击“向上”按钮，将花呗排列在最上方，如图 3–21 所示。

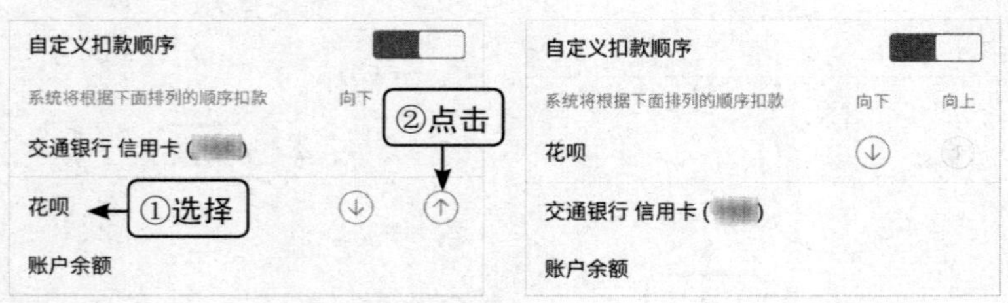

图 3–21

3.2.4 账单分期，轻松无忧

花呗还款可分为全额还款和账单分期还款两种，分期还款是指将应还金额分为多期进行还款。用户可在确认收货后的下个月 1 号到还款日之前的时间段内对已出账的应还金额进行分期。出账金额中，除逾期费、分期手续费和分期出账本金部分的全部金额外，均可分期，分期金额需要大于 10 元才能办理分期。

花呗分期期数有 3 期、6 期、9 期和 12 期。使用花呗分期会收取一定的手续费，具体费率以页面展示为准。花呗分期的每期应还金额和手续费是可以计算的，计算公式如下。

分期还款每期应还本金 = 可分期还款本金总额 ÷ 分期期数

分期还款每期手续费 = 可分期还款本金总额 × 分期总费率 ÷ 分期期数

一个月中，用户只能申请一次分期还款，且申请后无法取消。若当前逾期，则无法申请分期还款。若当前需要申请分期，则应在自动扣款之前操作分期还款，以免自动扣款后无法分期，若自动扣款后有未还清金额，仍可在还款日前申请分期。

进入“花呗”页面后，点击“下月应还”按钮，在“已出账”账单中可进行账单分期操作。花呗分期后是可以进行提前还款的，提前还款的手续费收取情况有两种。

①如果账单已分期，且在出账日前还款，则不会收取未出账单的手续费。例如分期账单的月份是 3、4、5、6 月，若在 3 月 1 日前还款，则 3、4、5、6 月分期的手续费不收取。

②如果账单已分期，且在出账日后还款，则收取已出账单的分期

手续费。如分期还款月份是3、4、5、6月，若在3月1日后，4月1日前还款，则收取3月份分期手续费，4、5、6月手续费不收取。需要注意，只有操作“提前还款”且未出账单期数≥2期时，才会减免手续费。

3.3 蚂蚁借呗，用芝麻分来借款

蚂蚁借呗是由蚂蚁金服旗下的小额贷款公司推出的一款用于个人消费的借贷服务，支持随借随还，按天计息。目前，仅部分优质用户可享受蚂蚁借呗。

3.3.1 不同用户，借款额度不同

并不是所有的支付宝用户都可以申请蚂蚁借呗，只有页面显示有可借额度的用户，才能申请借款。不同的用户其蚂蚁借呗的额度是不同的，如图3-22所示为不同支付宝用户的蚂蚁借呗额度。

图3-22

蚂蚁借呗的额度是由系统根据账户使用行为、信用记录等综合评估的额度。提升蚂蚁借呗额度的方法主要有两种。

主动申请提额。系统会根据账户的使用情况，针对满足条件的用户给予主动申请提额的入口，在借呗页面就可以看到。因系统评估的维度较多，目前满足主动申请提额的用户较少。

自动提升额度。根据借呗使用情况和账户情况，系统会不定时地对各个账户进行综合评估，会自动提升借呗额度，时间不固定，统一由系统进行综合评估，人工无法干预。

借呗的借款周期有长期和短期两种，如下所示。

- **短期借款**：期限可选 1 天、5 天、15 天、30 天和 45 天。
- **长期借款**：期限可选 3 个月、6 个月、9 个月和 12 个月。

3.3.2 如何申请蚂蚁借呗

支付宝用户要申请蚂蚁借呗，首先要确保自己能够享用借呗服务。如果在支付宝“全部应用”页面没有找到借呗入口，则表示当前账户不支持使用蚂蚁借呗。在确保能够使用蚂蚁借呗后，还要看一看账户是否满足以下申请条件。

- 账号状态正常且通过实名认证。
- 绑定手机。
- 账户已绑定储蓄卡快捷。

在确保满足申请条件后，下面来看看如何在支付宝中申请蚂蚁借呗借款。在手机支付宝“全部应用”页面，点击“蚂蚁借呗”按钮。在打开的页面中点击“去借钱”按钮，如图 3-23 所示。

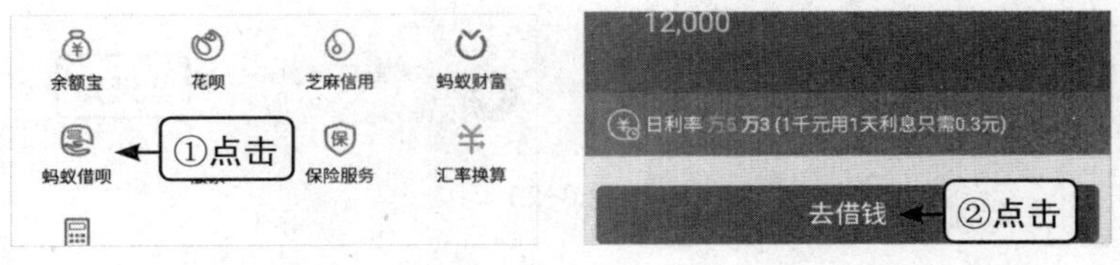

图 3-23

在打开的对话框中阅读注意事项，点击“我知道了”按钮，进入“借钱”页面，输入借款金额，如输入“10000”，再选择“怎么用”选项，如图 3–24 所示。

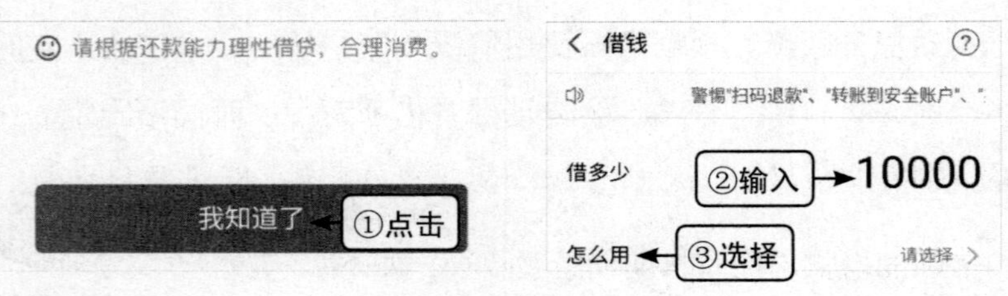

图 3–24

在打开的页面中选择资金用途，如选择“旅游”选项，在返回的页面中默认借款期限为 3 个月，选择“怎么还”选项，如图 3–25 所示。

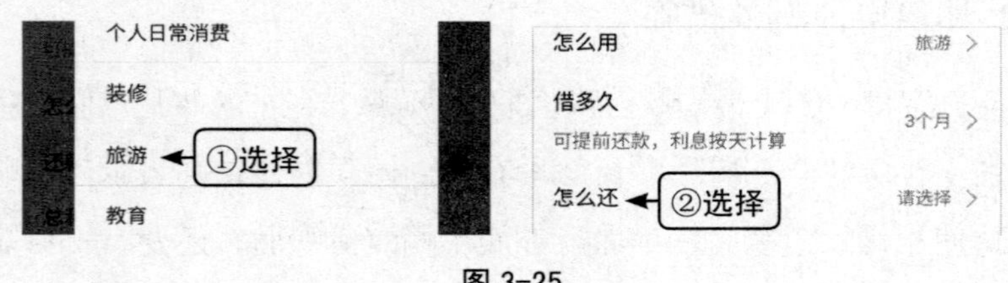

图 3–25

进入“怎么还”页面，选择还款方式，如选中“每月等额”单选按钮，点击“返回”按钮，在返回的页面中选择“收款账户”选项，如图 3–26 所示。

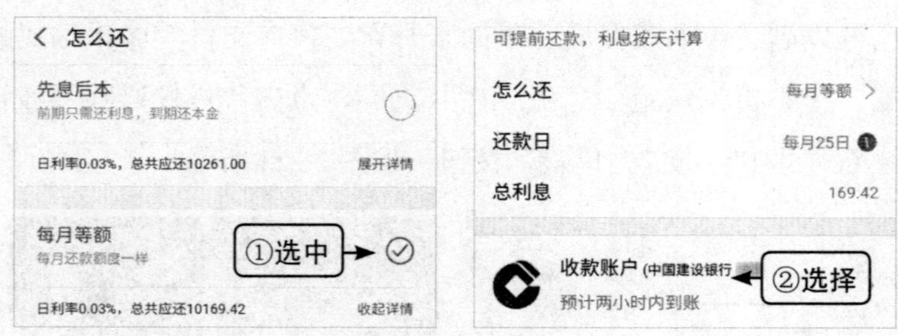

图 3–26

在打开的页面中选择已添加的收款账户或添加储蓄卡，这里选择已添加的收款账户。在返回的页面中选中“本人已阅读并同意……”单选按钮，点击“确定”按钮，如图 3-27 所示。

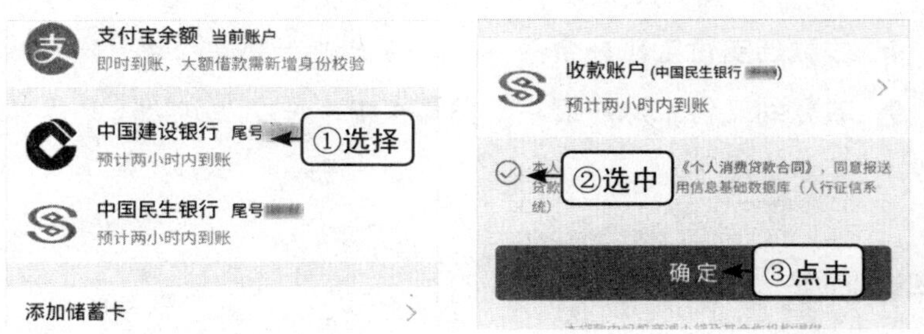

图 3-27

最后在打开的页面中输入支付密码完成借款，借款完成后在打开的页面中可以查看到借款结果，如图 3-28 所示。

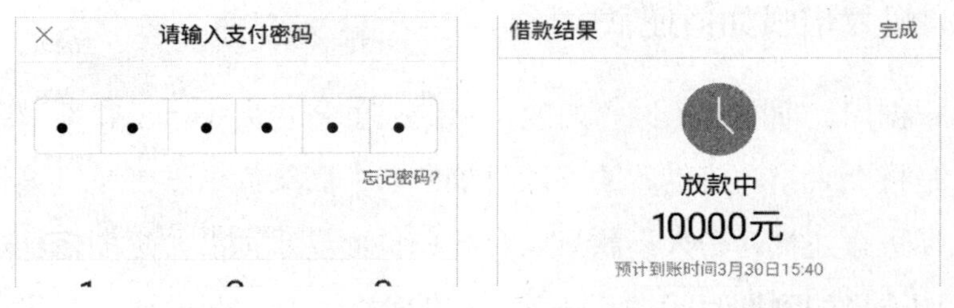

图 3-28

在蚂蚁借呗借款，可选 3 个月或 6 个月两种借款期限，还款方式有先息后本和每月等额两种。先息后本是指前期只需还利息，到期还本金；每月等额是指每月还款额度一样。先息后本可充分降低月供，但产生的利息要高于每月等额，因为每月等额还款方式产生利息的对应本金是逐步减少的，所以要比先息后本还款方式产生的利息少。

蚂蚁借呗的每月还款日会根据用户首次借款的时间固定，目前暂不支持修改，如用户在 3 月 5 日借款，后续还款日默认为每月 5 日，若在 28 日以后发生首次借款，还款日固定为每月 28 日。

蚂蚁借呗借款成功后，借呗会放款到支付宝账户或支付宝绑定的银行卡中，这两种放款方式的到账时间有所不同。

- **放款到支付宝账户余额**：实时到账。
- **放款到支付宝账户绑定的储蓄卡中**：两小时到账（具体以页面显示为准）。

知识加油站

蚂蚁借呗的额度可以循环使用，但目前使用中的借款不能超过 20 笔。超过 20 笔的需结清之前任意笔数或全部借款再使用。

3.3.3 蚂蚁借呗如何还款

根据借款期限的不同，蚂蚁借呗的还款日也会不同。长期借款还款日是按个人第一笔借款的还款日确定的，后续的借款都是以该日为准按期进行还款，个人还款日以合同和页面显示为准。短期借款还款日按照选择的到期时间进行还款。在借款成功后，蚂蚁借呗会发送借款成功的短信到个人手机中，用户也可以在该短信中查看还款日期，如图 3-29 所示。

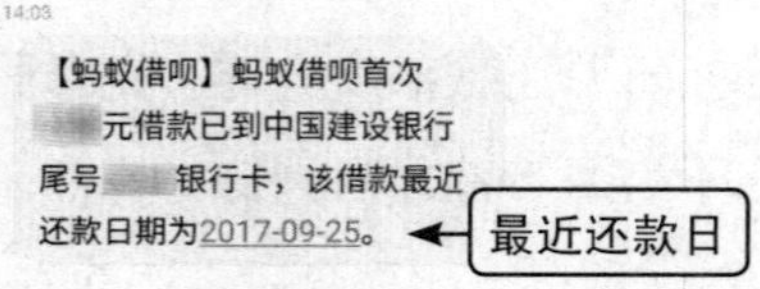

图 3-29

蚂蚁借呗的还款方式有按期还款和提前还款两种，按期还款需在还款日当天 12:00 前存储足够金额至支付宝（支付宝余额、储蓄卡和余额宝都支持），当日系统会自动扣除。

提前还款可选择单笔提前结清、全部结清或多笔提前全部结清。提前还款仍然按日收取利息，但利息只收取实际使用天数的利息。如 6 月 1 日借款 10000 元，借款期限为 6 个月，日利率为 0.4‰。6 月 6 日提前还款，则只需支付 6 月 1 日 ~ 5 日的利息。即 5×4 元 / 天 =20 元，总还款金额 = 本金 + 利息 =10000+20=10020 元。

了解了蚂蚁借呗的还款方式后，下面来看看如何进行借呗提前还款的操作。

进入“蚂蚁借呗”页面，点击“去还款”按钮，在打开的页面中选择“提前还本金”选项，如图 3-30 所示。

图 3-30

进入“提前还本金”页面，选中要提前还本金借款的单选按钮，点击“提前还本金”按钮，如图 3-31 所示。

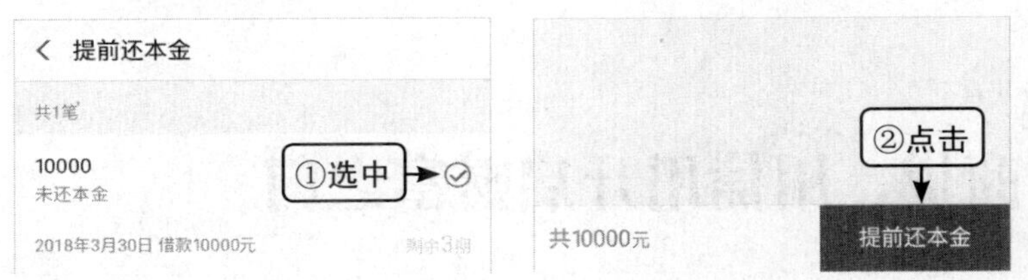

图 3-31

在打开的页面中输入还款金额，点击“确定”按钮，在打开的页面中输入支付密码，完成提前还款操作，如图 3-32 所示。

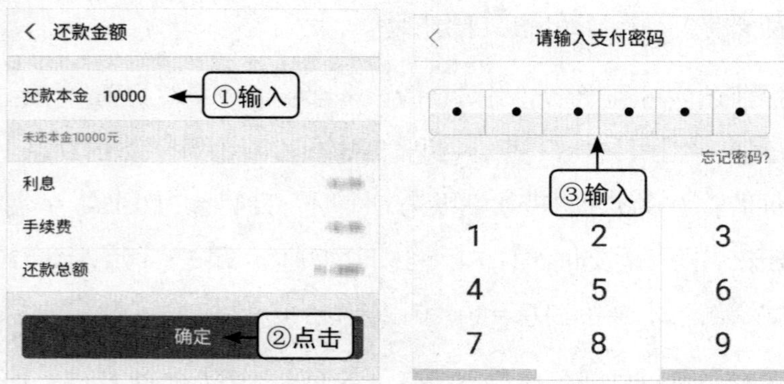

图 3-32

在使用蚂蚁借呗进行还款时，如果还款金额较大，可能遇到无法还款成功的问题。这种情况可能是因为限额导致的，可以通过绑定网商银行来解决，因为使用网商银行还款不限制单笔限额和单日限额，具体操作如下。

①下载网商银行 APP，并开通网商银行账户。

②实名认证后绑定银行卡，绑定支付宝账号，并从他行网银转账到网商银行账户。

③还款时，选择网商银行储蓄卡还款。

3.4 网商贷，用信用开启财富之门

网商贷原是蚂蚁微贷、阿里小额贷款平台，是由网商银行提供的贷款产品。而网商银行是中国首批试点的民营银行之一，是中国第一家将核心系统架构在金融云上的银行。

3.4.1 申请网商贷要满足的条件

网商贷具有纯信用，无抵押，闪电放款的特点，小微企业经营者和个体工商户可使用支付宝快速申请贷款。对于个人经营者来说，申请网商贷需要满足以下条件。

- ◆ 支付宝账户认证要求为 V2。
- ◆ 支付宝账户状态要求为正常。
- ◆ 工商注册时间：一年及以上（若有预授信额度，则无此条件）。
- ◆ 会员类型：支付宝个人经营者。
- ◆ 公司名不含关键字：加盟店、办事处、门市部及分公司。
- ◆ 法人年龄：18 ~ 65 周岁。
- ◆ 法定代表人的信用记录良好。
- ◆ 没有行业、销售额及财务指标的限制。

以上条件为参考条件，实际以系统评估为准。如果是阿里巴巴中国站会员，则可以申请阿里信用贷款。申请阿里信用贷款要满足以下条件。

- ◆ 支付宝账户认证要求为 V2。
- ◆ 支付宝账户状态要求为正常。
- ◆ 阿里巴巴中国站会员（含免费会员）或中国供应商会员、支付宝会员，具有一定的操作记录。
- ◆ 申请人应为企业法定代表人或个体工商户负责人，年龄要在 18 ~ 65 周岁之间，且是长期定居国内的中国大陆居民，特殊情况除外（法人与实际控制人是直系亲属）。
- ◆ 工商注册地在中国大陆。
- ◆ 工商注册时间≥ 1 年；近 12 个月内总计销售金额≥ 100 万元（此处的销售额指的是公司整体销售额，不指定必须是公司的线上交易）。

- ◆ 企业行业属于阿里信用贷款支持的行业。
- ◆ 公司一年内不能发生法定代表人（特殊）和主营业务变更。
- ◆ 近一年内存在非季节性停产的，不能申请贷款。

3.4.2 完善信息，快速获得贷款

支付宝用户可在网商银行 APP 中申请贷款。在支付宝“我的”页面中，选择“网商银行”选项，在打开的页面中点击“查看”按钮即可进入下载页面，点击“立即下载”按钮下载并安装网商银行。安装完成后，下面来看看如何申请贷款。

打开网商银行 APP，在首页点击“贷款，其实是一件小事儿！”超链接，在打开的页面中点击“确认授权”按钮，如图 3–33 所示。

图 3–33

在打开的页面点击“开始设置”按钮，根据页面提示完成面部密码的设置，设置完成后在交易密码设置页面输入交易密码，如图 3–34 所示。

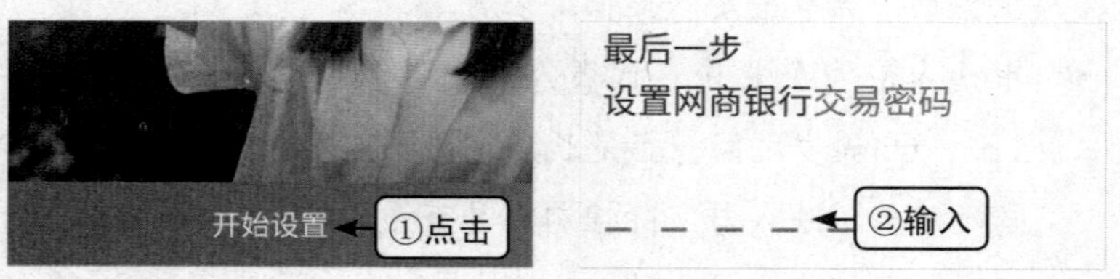

图 3–34

再次输入交易密码，在打开的页面中点击“×”按钮，如图 3–35 所示。

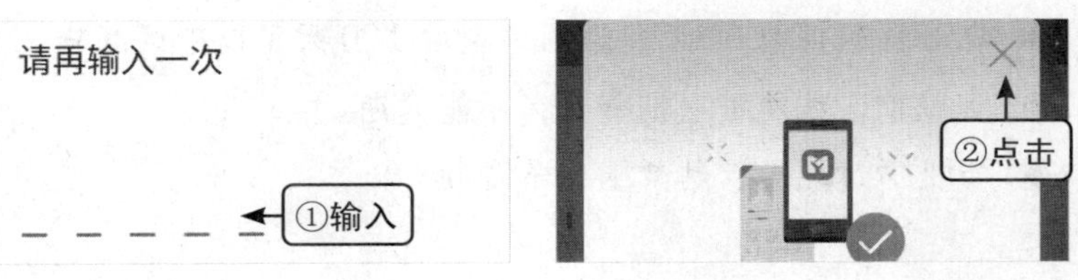

图 3-35

完成以上设置后，在打开的页面中点击“贷款”按钮。进入贷款页面，点击“试试能借多少钱”按钮，如图 3-36 所示。

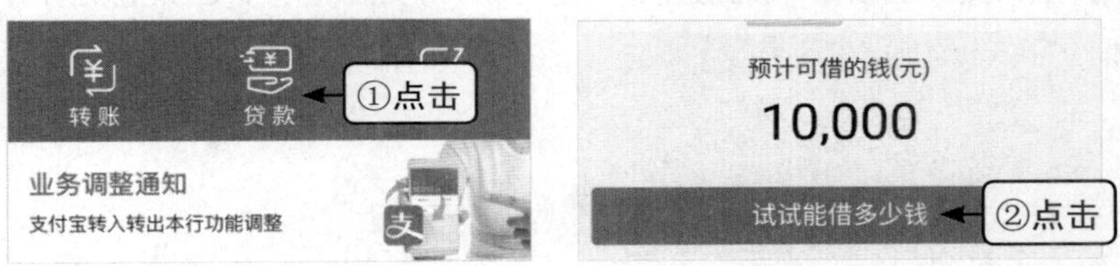

图 3-36

进入“我要借钱”页面，填写借款金额，点击“提交”按钮，提交贷款申请，如图 3-37 所示。

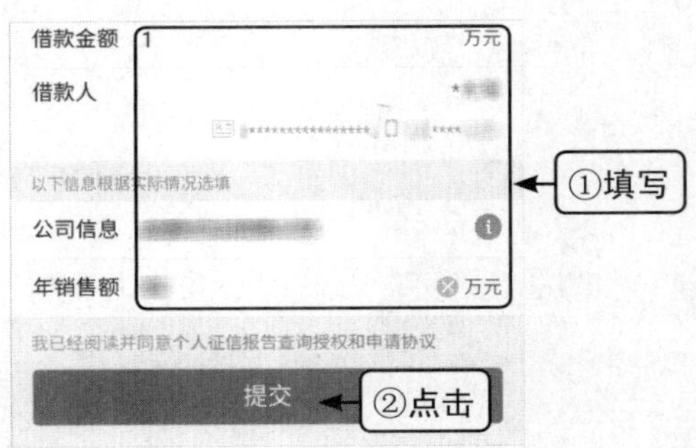

图 3-37

需要注意，网商贷借款人需是公司的法定代表人，贷款申请提交后系统会根据信用记录等综合评估的结果决定是否放款。网商贷支持续贷，但申请续贷需满足一定的前提条件。

◆ 在合同到期前 60 天、合同到期后 180 天可以申请续贷。

◆ 审批前，结清每一期贷款，不能逾期。

◆ 审批通过之后，结清上一笔贷款。

知识加油站

网商贷有两种还款方式：按期还款和提前还款。按期还款是指在还款日当天 12:00 前储存足够金额至支付宝余额、余额宝。提前还款是指提前归还一部分闲置资金，提前还款需保证还款账户金额不小于还款总额，还款成功后会短信通知。

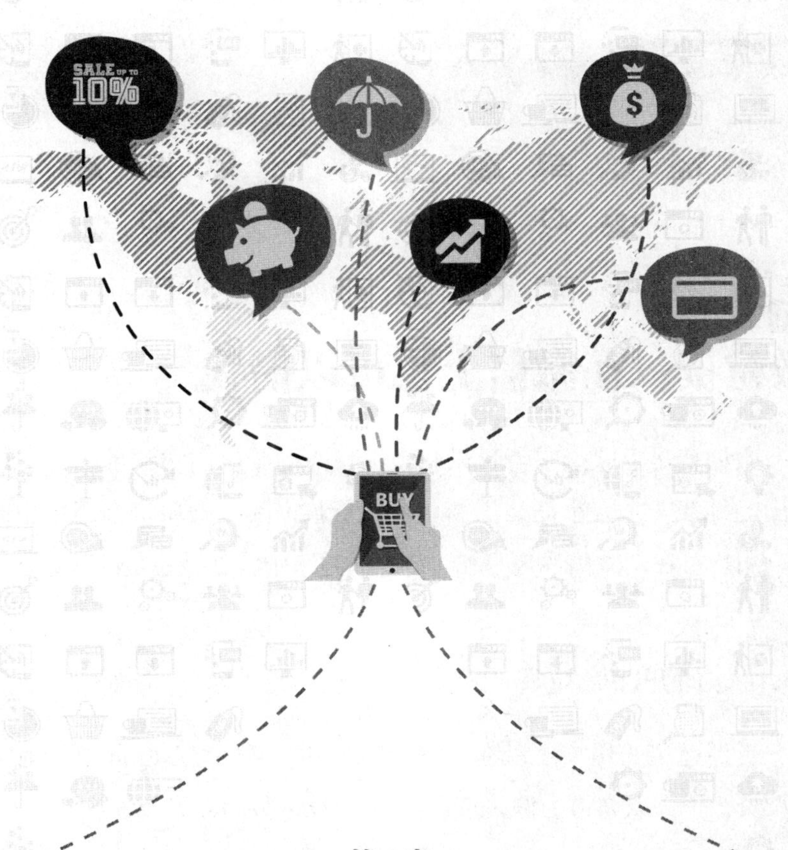

第4章

小微贷款，个人信用循环借贷

不仅在支付宝中能够贷款，在微信中也可以进行贷款。微信贷款操作简便、放款速度快，对于有小额贷款需求的用户来说，是不错的贷款平台，可以快速地解决资金周转问题。

4.1

微粒贷，在微信上也可以借钱

微粒贷是互联网银行腾讯微众银行面向微信用户和手机 QQ 用户推出的纯线上个人小额信用循环消费贷款产品。微粒贷采用用户邀请制，用户可在“微信钱包”和“QQ 钱包”中找到微粒贷的入口。

4.1.1 如何开通微粒贷

受到邀请的用户可以在“微信钱包”或手机“QQ 钱包”中开通微粒贷，下面以微信为例，来看看如何开通微粒贷。

在“微信钱包”页面点击“微粒贷借钱”按钮。在打开的页面中选中“同意微众银行……”复选框，点击“获取额度”按钮，如图 4-1 所示。

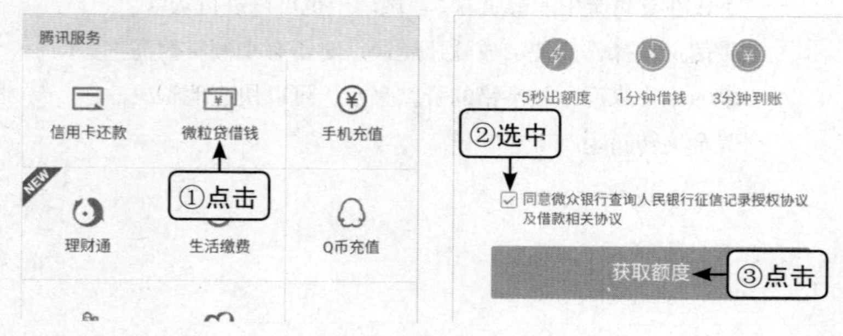

图 4-1

进入“验证支付密码”页面，输入支付密码。在打开的页面中可查看到可借额度，如图 4-2 所示。

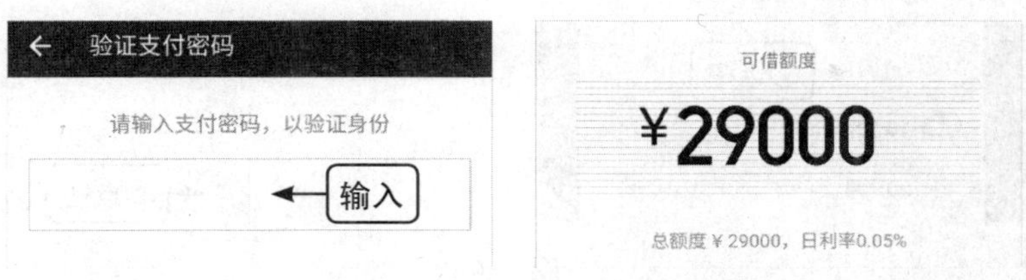

图 4-2

微粒贷的可借额度是由系统进行判断的，暂无法申请人工调额，总额度将随着信用记录的累积而提高，按时还款对提高额度有一定的帮助。

4.1.2 如何在微信中借钱

微粒贷借款不需提供任何纸质资料，在手机微信中即可完成整个借款流程，具体操作如下。

进入“微粒贷”页面，点击“借钱”按钮。在打开的页面中输入借钱金额。选择“还款期数”选项，如图 4-3 所示。

图 4-3

在打开的对话框中选择还款期数，如选中“5 个月”单选按钮。在返回的页面中点击“下一步”按钮，如图 4-4 所示。

图 4-4

进入选择收款银行卡页面，若要更换当前银行卡，则选择银行卡选项，在打开的页面中选择银行卡或添加新的储蓄卡，如图 4-5 所示。

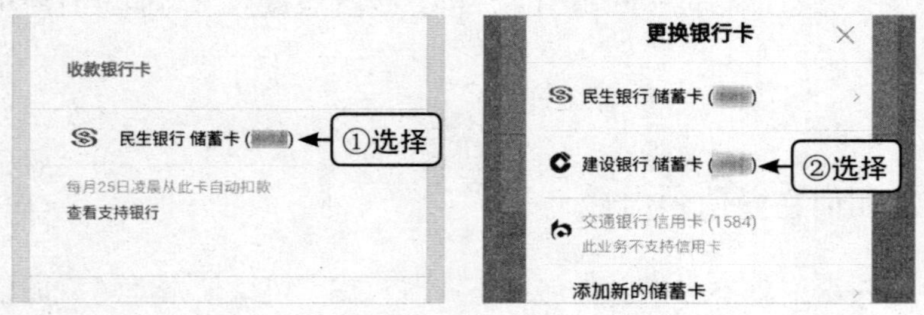

图 4-5

在返回的页面中点击“下一步”按钮，进入“补充身份信息”页面，补充姓名和身份证信息，如图 4-6 所示。

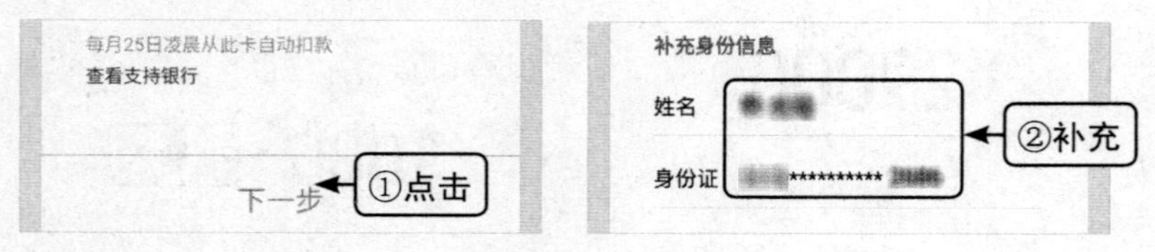

图 4-6

点击“确认借钱”按钮，进入“验证支付密码”页面，输入支付密码，即可完成借贷，如图 4-7 所示。

图 4-7

微粒贷借款按实际借款天数计息，每日利息 = 剩余未还本金 × 日利率。每月还款后本金越少，利息也逐渐减少，用户可以使用微粒贷计算器进行利息试算。在计算器中输入借款金额，选择日利率和借款期限，即可试算出利息，如图 4-8 所示。

图 4-8

在微粒贷提交申请后，若审核通过，资金一般会在 3 分钟内到账。若提示需要等待电话确认，则需要电话确认后到账。若在借款时得到的提示为“综合评估未通过”，说明暂时没有达到微众银行的审核标准，暂时无法获得额度或借款。

在微粒贷申请借款后，有时会提示发起视频审核。视频审核是微众银行确认用户身份信息的一种方式，这样能进一步保证账户安全，可通过点击“立即开始”按钮，开始进行视频审核。进行视频审核要注意以下几点。

①视频审核的服务时间为 8:00 ～ 24:00，在进行视频审核时，最好在网络较为通畅的状态下进行，避免因网络环境较差而影响审核结果。

②若暂时不方便进行视频审核，可以点击“稍后验证”暂缓审核。但需要在 48 小时内完成审核，否则本次借款申请会被撤销。

③若发起视频审核后无人接听，可能因为审核人员处于忙碌中，可换个时间发起审核。

知识加油站

微粒贷支持的收款银行有中国银行、兴业银行、中信银行、民生银行、工商银行、农业银行、交通银行、上海银行、江苏银行、重庆农商银行、华融湘江银行、莱商银行、稠州银行、重庆银行、广州银行、广东华兴银行、长沙银行、洛阳银行、哈尔滨银行、桂林银行、泰安银行、江西银行、昆山农商银行、上饶银行、宁夏银行、晋城银行、泉州银行、嘉兴银行、济宁银行、深圳农商银行、江苏长江商业银行、平安银行、浦发银行、华夏银行、广发银行、光大银行、北京银行、东莞银行、建设银行、邮政储蓄银行和招商银行。

4.1.3 可选 3 种还款方式

在微粒贷借款成功后，还会涉及还款的问题，每期还款金额的计算公式如下。

每期还款金额=贷款本金 ÷ 贷款期数+(贷款本金−累计已还本金)×贷款日利率 × 当期实际天数

目前，微粒贷提供了 3 种还款方式，如下所示。

- **自动还款**：只需在约定还款日前一天，确保还款银行卡（即借款时选择的收款银行卡）中的资金足够归还当期应还本金和利息，银行会自动扣款。
- **提前还款**：可以随时进入“微粒贷”，点击“提前还清借款”按钮，根据页面提示完成还款即可。
- **微众银行 APP 还款**：可以随时进入微众银行 APP 进行还款。

若选择自动还款方式进行还款，需要注意以下事项。

①银行会在还款日 00:00 ~ 12:00 进行第一次扣款，借款用户需在还款日 00:00 之前，提前确认还款银行卡状态是否正常，是否有足够的活期存款余额。

②若在还款日第一次扣款失败，则当日 17:00 ~ 21:00 会进行第二次自动扣款。此时要在还款日 17:00 之前，确认还款银行卡状态是否正常，是否有足够的活期存款余额。

若选择提前还款，则当日的借款可在次日提前还清，利息收取至还清日当日，无其他费用。提前还款需要注意，微粒贷目前不支持使用微信零钱进行还款，可选择支持银行的储蓄卡进行还款。

知识加油站

微粒贷自动还款成功后，额度不会实时恢复。只有将一笔借款完全还清后，该笔借款对应的额度才会实时恢复，而不是还一期就恢复一期的额度。

4.1.4 逾期后是否收取罚息，收取标准

在微粒贷借钱，逾期还款是要收取罚息的。自逾期之日起，每天会对逾期本金另外收取约定利率 50% 的罚息，直至逾期还清，其计算公式如下。

罚息 = 逾期本金 × 日利率 × 50% × 逾期天数

逾期利息 = 逾期本金 × 日利率 × 逾期天数 + 罚息

若逾期本金是 1000 元，日利率 0.05%，则每天的罚息为：

1000×0.05%×50%=0.25 元。

每天的逾期利息为：

1000×0.05%+0.25=0.75 元。

逾期还款不仅会被收取罚息，还会影响个人信用记录，因此用户最好在还款日前还清借款。

知识加油站

还款日是首笔借款的发放日，以后每笔借款的还款日都是这一天。其中，如果首笔借款发生在当月 29、30 或 31 日中的一天，每月还款日为 15 日 ~ 28 日的某一天，具体以系统登记为准。非首笔借款的第一个还款日，会跨越最近的一个还款日（含当日），如现在的还款日是每月的 21 日，在 1 月 15 日再次借款，那么这笔借款的第一个还款日是 2 月 21 日。

4.2 微业贷，流动资金贷款

微业贷是微众银行为广大中小微企业提供的线上流动资金贷款服务，该产品是结合大数据分析及互联网技术的一款金融创新产品。客户从申请至提款全部在线上完成，无须抵、质押，额度立等可见，资金分钟到账，按日计息，随借随还。

4.2.1 微业贷产品特点

目前，仅限部分地区的受邀客户可参与体验微业贷，其具有以下特点。

- ◆ **智慧贷款**：大数据定额，最高 300 万元。
- ◆ **轻松申请**：无抵押质押，无纸化申请
- ◆ **即点即用**：点击即提款，分钟内到账。
- ◆ **周转灵活**：按日计息，提前还款无忧。

微业贷的日利率范围为 0.03% ~ 0.045%，以风险来定价。借款期限不超过一年，可随借随还，主要可用于日常周转使用。

微业贷会采用多维度的大数据进行系统核额，根据多维度的大数据对企业进行综合评估，授信额度最高可达 300 万元。微众银行根据企业经营状况和信用记录，将对公司的授信额度进行定期调整，额度调整将通过短信等方式通知。申请微业贷借款无须任何抵、质押，但提款需法定代表人提供连带责任保证。

4.2.2 如何在微信上借款

申请微业贷可在微信公众号中进行，首先需关注“微众银行企业金融”公众号，在公众号中完成认证绑定和申请核额，获得借款额度后，即可在公众号中申请借款。下面来看看如何进入认证绑定页面。

打开“微众银行企业金融”公众号，点击“借款”按钮，在打开的页面中点击“继续”按钮，如图 4-9 所示。

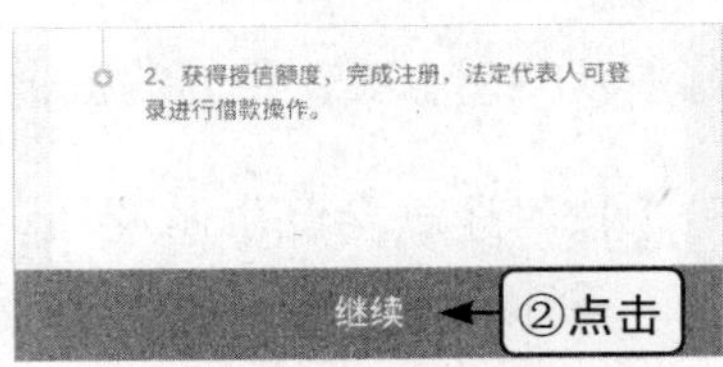

图 4-9

在打开的页面中选择省、市，若有推荐码则输入推荐码，若没有则不填写，点击“去认证”按钮。进入“企业授信平台”页面，输入纳税人识别号和国税网厅登录密码，点击图片中的文字验证码，选中“我已阅读并同意《企业授权协议书》”复选框，点击“下一步”按钮，如图 4-10 所示。

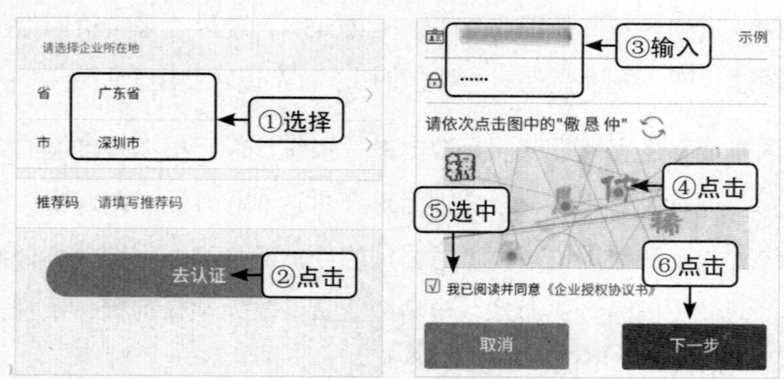

图 4-10

完成以上步骤后再根据页面提示完成企业认证和借款申请。借款申请提交成功后，资金最快可在 30 分钟内到账，具体到账时间以收款银行到账通知为准。申请借款及提款成功后会由微信、短信等方式告知，另外，借款人也可以在公众号中查看借款状态。

借款成功后会涉及还款，还款方式有按期还款和提前还款两种。对于微业贷借款人来说，还款时可登录微众银行官方网站（https://sme.webank.com/）或在“微众银行企业金融”公众号中，查看公司的专用还款账户及待还金额，将还款资金划转入提示的专用还款账户中。

若未按时还款会产生逾期利息，逾期利息按借款利息上浮 50% 按日收取，其计算方式如下所示。

逾期利息 = 逾期本金 × 日利率 ×（1+50%）× 逾期天数

知识加油站

原则上任意时间都可以在“微众银行企业金融”公众号中进行微业贷借款。但建议在工作日 9:00 ~ 17:00 发起借款，在此期间发起借款基本可以当天 30 分钟内到账。工作日其他时间由于无法完成后台人工审批或者支付渠道无法支持付款，可能需要到第二个工作日才可到账，遇节假日需顺延到节假日后的第一个工作日方能完成放款到账。借款成功但当日资金未到账，若产生利息，则会在 30 个工作日内完成退息处理。

4.3 微信公众号也可以贷

在微信公众平台中还有许多小额贷款平台，这些贷款平台的借款门槛低、费率也较低，适合急需解决短期资金紧缺的用户。下面就来看看这些热门的微信公众号贷款平台。

4.3.1 希财网，方便的信贷服务

希财网是一个专业的金融产品门户，在其公众号中提供了很多贷款产品，有借款需求的用户可根据自身情况筛选并申请适合自己的产品，下面来看看如何筛选和申请贷款。

打开“希财网”公众号，在“卡 & 贷款”下拉列表中选择“更多贷款”选项，进入贷款产品筛选页面，在“额度”下拉列表中选择贷款的额度，如选择“1000-5000 元”选项，如图 4-11 所示。

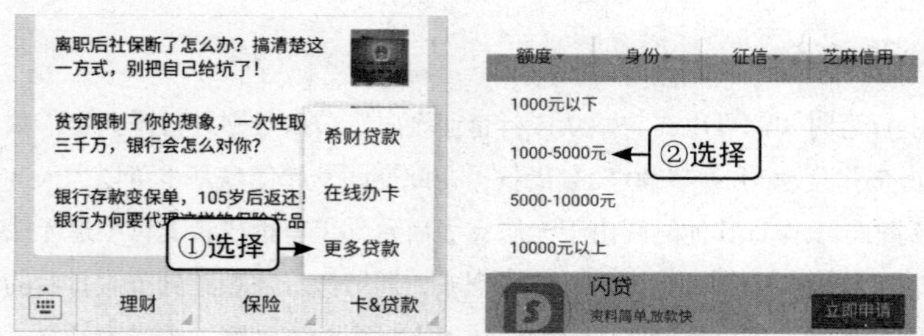

图 4-11

根据个人情况，选择身份、征信和芝麻信用信息，在筛选结果下方可以查看到筛选结果，选择要申请的贷款产品，点击“立即申请”按钮。在打开的页面中可以查看到产品介绍和申请条件，若要申请则点击“立即申请”按钮，再按照页面提示完成贷款操作，如图 4-12 所示。

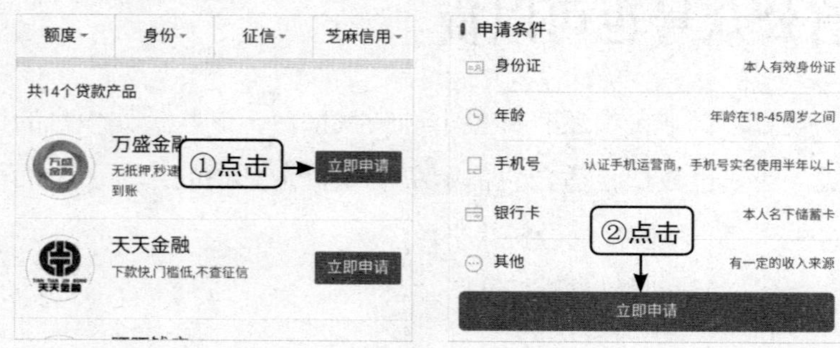

图 4-12

4.3.2 中安信业小额贷款，让资金不再等“贷”

中安信业从 2004 年起为小企业主和工薪阶层提供快速简便、免抵押、免担保的小额贷款服务。在“中安信业小额贷款”公众号中，借款人只需在线填写相关资料，即可进行借款申请，具体操作如下。

进入“中安信业小额贷款”公众号，在“贷款申请”下拉列表中选择“首次申请”选项，在打开的页面中点击“我知道了”按钮，如图 4-13 所示。

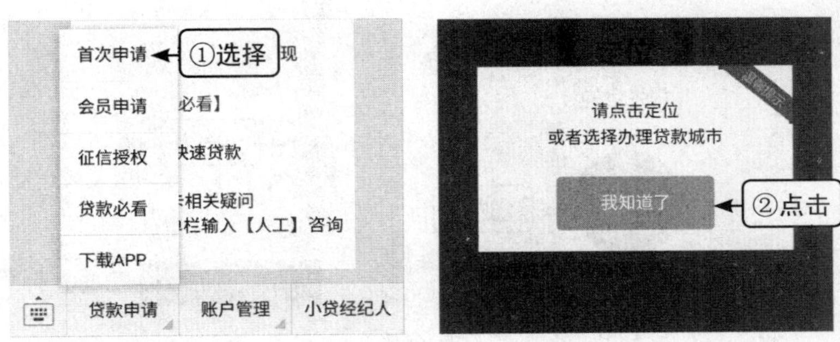

图 4-13

定位成功后，点击“ ”按钮，在打开的页面中滑动“ ”按钮选择申请金额，滑动期限进度条，选择申请期限，点击“ ”按钮，如图 4-14 所示。

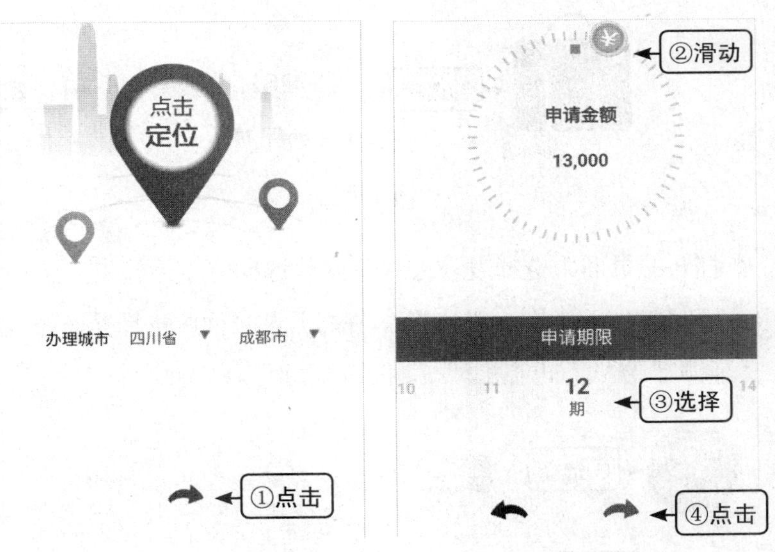

图 4-14

在打开的页面中选择贷款目的，如这里选择“个人消费”选项，在打开的对话框中选择个人消费选项，如这里选中“购车”单选按钮，点击“确定”按钮，如图 4-15 所示。

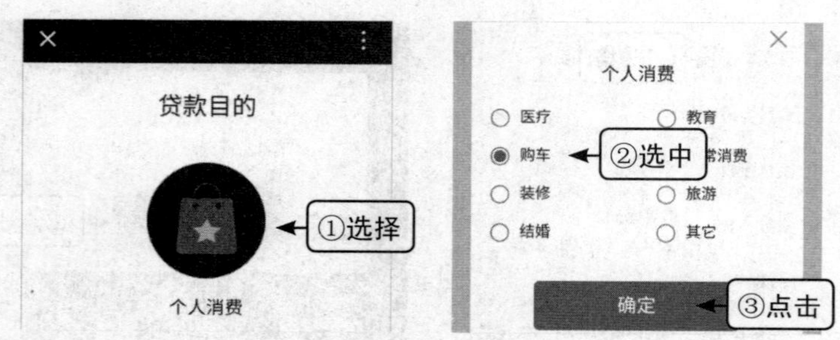

图 4-15

在打开的页面中选择借款对象，如这里选择“上班人士”选项，点击“➦”按钮。进入选择入职时间页面，选择现单位入职时间，点击“➦”按钮，如图 4-16 所示。

图 4-16

在打开的页面中选择发薪方式，这里选择“银行代发”选项，输入银行代发金额，点击“➦”按钮。在打开的页面中选择养老保险和住房公积金购买方式，再点击“➦”按钮，如图 4-17 所示。

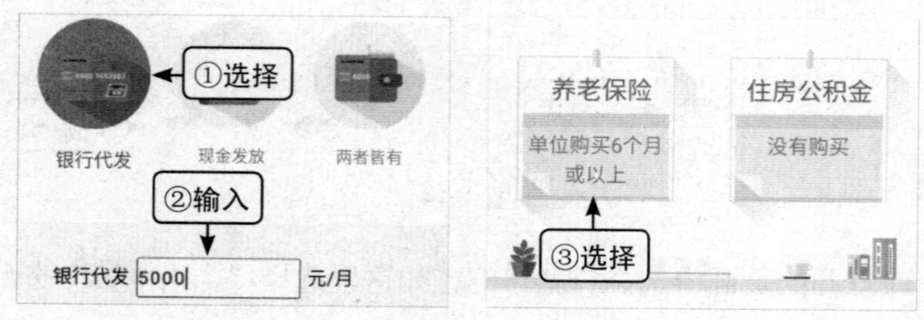

图 4-17

在打开的页面中选择其他保险购买情况，点击“➦”按钮。进入房产情况选择页面，选择房产情况，点击“➡”按钮，如图 4-18 所示。

图 4-18

在打开的页面中填写手机号、姓名、需要设置的密码、图形验证码和短信验证码，点击“立即注册”按钮。完成注册后，可查看评估结果。评估后，再根据页面提示完成后续借款操作，如图 4-19 所示。

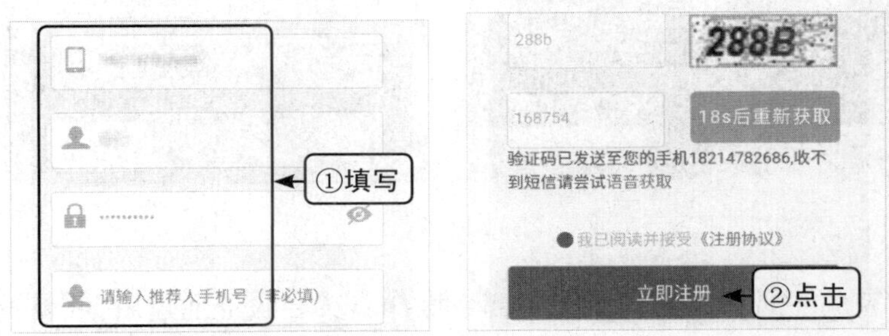

图 4-19

4.3.3 闪电借款，简便快捷的借款平台

“闪电借款”是北京掌众金融信息服务有限公司（简称掌众金服）推出的公众号平台。闪电借款于 2014 年 3 月上线，在竞品中优势明显，目前已有超过 1000 万注册用户，累计撮合交易额超 300 亿元。下面来看看如何在“闪电借款”公众号中借款。

进入“闪电借款”公众号，点击“我要借款”按钮，在打开的下拉列表中选择“微信借款”选项，如图 4-20 所示。

图 4-20

进入借款主页，点击“申请借款”按钮，在打开的页面中输入手机号码和短信验证码，点击“下一步”按钮，进行账号的注册，如图 4-21 所示。

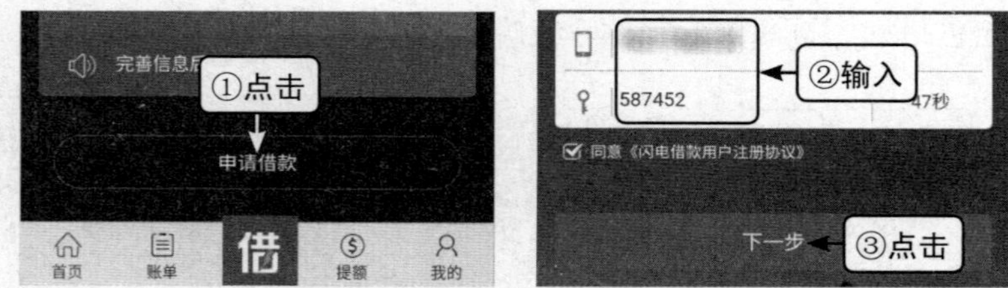

图 4-21

完成注册后，需完成实名绑卡操作。实名验证通过后，即可进入闪电借款首页，再按照页面提示，完成借款流程。借款时，可选两种借款方式。

- **信用卡申请**：需填写信用卡、手机号码及亲密联系人信息。
- **无信用卡申请**：需填写手机号码、身份证、通信地址及亲密联系人等信息。

在闪电借款公众号中借款成功后，当有待还款账单时，首页会展示还款信息，闪电借款目前仅支持储蓄卡全额还款。

4.3.4 你我贷借款，安全灵活的借款

你我贷是一家网络借贷信息中介平台，成立于 2011 年 6 月。如今，

你我贷已经成长为国内知名的 P2P 网络借贷信息平台。目前，你我贷为借款用户提供的快速借款产品有三种。

秒啦。快速小额借款产品，只需芝麻信用分即可借款，授信额度在 3000 ～ 8000 元之间。

嘉卡贷。信用卡借款产品，有信用卡即可申请，授信额度在 3000 ～ 30000 元之间。

嘉英贷。公积金借款产品，属缴纳公积金人士专享，授信额度在 4000 ～ 50000 元之间。

申请你我贷的借款人须为信用记录良好、遵纪守法及具有民事责任能力的自然人或企业，且借款人所在地需在你我贷业务覆盖范围之内才能申请借款。另外，各产品的授信额度可能会有变动。

申请借款时，你我贷会采用自主开发的风险评估模型进行借款信用评分，每个信用等级对应不同评分范围。通常来说，信用等级越高，违约风险越低，借款成功率越高。信用等级分 7 档，由高到低为 AA、A、B、C、D、E 和 F。

在微信中关注“你我贷借款”公众号，进入公众号后点击“我要借款”按钮，在打开的页面中输入手机号码、图形验证码和短信验证码，点击“登录”按钮，如图 4-22 所示。

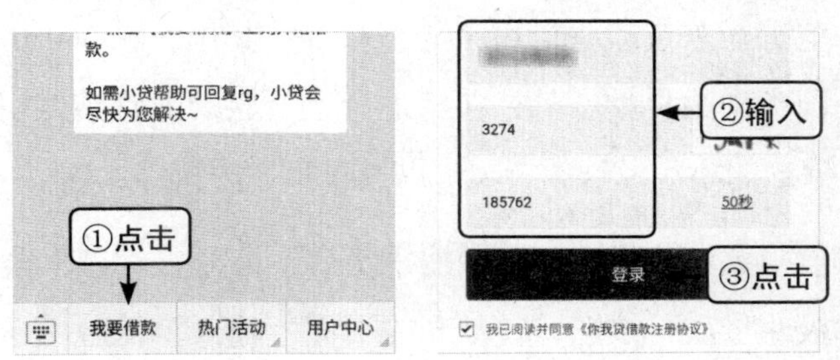

图 4-22

登录成功后，会进入借款申请页面，根据页面提示填写借款信息，提交后即可获得可借额度，再确认借款，你我贷会立刻给申请人筹款，款项会在一个工作日左右发放到申请人账户（节假日会有延迟）。

有时申请人的借款审批通过后，会发现借款额度和申请额度不一致。这是因为借款人提交借款资料后，你我贷的征信审核系统会进行专业的系统评估。其中系统如果评估借款人申请的额度过高，则会降低其额度（目前借款人无法申请调整借款额度）。若提示借款申请未通过，则有可能是由以下一个或多个原因造成的。

- 借款用户不符合申请资格。
- 联系人资料无法确定，例如，联系人姓名无法核实。
- 未按要求提供资料。
- 用户提交的文字资料和图片资料不一致。
- 上传的资料模糊，无法辨识。
- 收入不稳定。
- 无信用记录，或者信用记录不良。

4.3.5 融 360 贷款，综合贷款平台

融 360 成立于 2011 年 10 月，是中国领先的移动金融智选平台，致力于为个人消费者和小微企业提供金融产品的搜索、推荐和申请服务，业务范围涵盖贷款、信用卡与理财等。其中，融 360 贷款为用户提供了不同类型的贷款产品，包括适合上班族的消费类信用贷款，适合个体工商户的小额经营类贷款，以及车贷、房贷等。

在微信中关注“融 360 金融搜索平台”公众号，进入公众号首页后点击“极速贷款”按钮，在打开的页面中输入手机号码，程序会立即打开一个对话框，如图 4-23 所示。

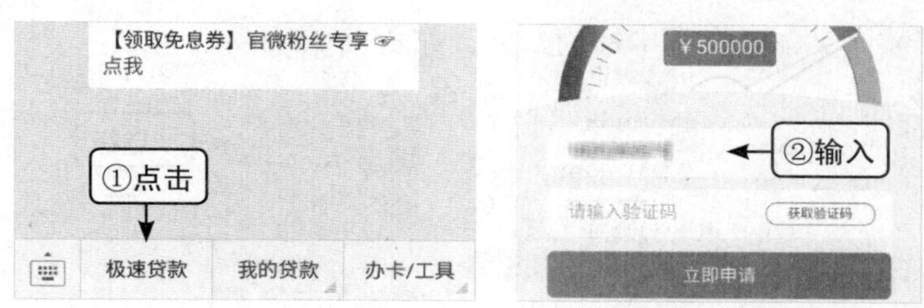

图 4-23

在打开的对话框中输入图片验证码，点击“提交”按钮，程序会立即进入填写个人资料页面，将个人身份信息填写完毕后，点击“下一步”按钮，如图 4-24 所示。随后根据提示完成贷款申请。

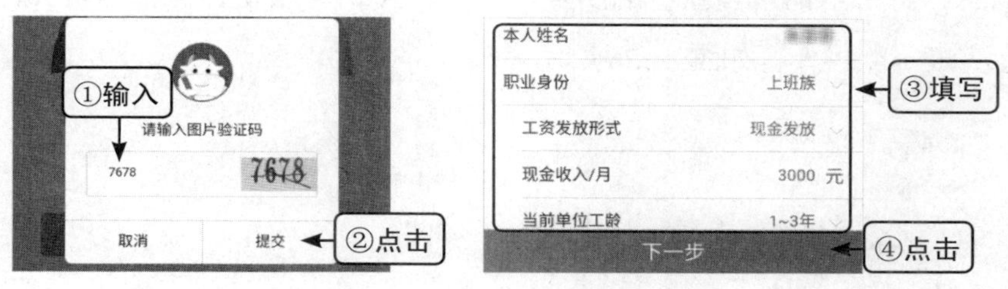

图 4-24

4.3.6　99 贷，在线直通贷款

99 贷成立于 2012 年底，主要为网上贷款用户提供贷款渠道，以及专业的贷款咨询服务。平台通过大数据技术，为每一个贷款用户匹配最适合的贷款机构，明确申请贷款所需要的资质与材料，帮助用户减少贷款时间、降低贷款成本，并提高贷款成功率。

在“99 贷直通贷款”公众号中，用户可根据贷款额度和申请条件来选择贷款产品，下面以贷款额度为例进行讲解。

打开“99 贷直通贷款”公众号，在“我要借款”下拉列表中选择贷款额度，如选择“1000-5000”选项，在打开的页面中可以查看到不同的贷款产品，选择要申请的产品，如图 4–25 所示。

图 4–25

在打开的页面中可以查看到产品介绍、贷款条件以及申请资料等信息，若要申请该贷款产品则点击“立即申请”按钮，再根据页面提示完成贷款操作，如图 4–26 所示。

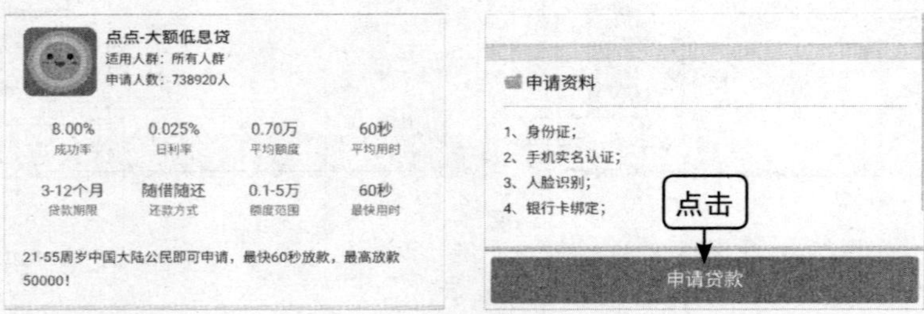

图 4–26

4.3.7 现金巴士，个人信用借款服务

现金巴士通过大数据技术分析，为有借款需要的用户提供短期借款服务。在现金巴士中借款仅需身份证明即可完成借款，每次成功还款，信用记录可以累积滚动到下次借款。

在微信中关注“现金巴士”公众号后，在“主功能”下拉列表中选择“十万火急借款”选项。在打开的页面中输入手机号码和短信验证码，点击“绑定”按钮，如图 4–27 所示。

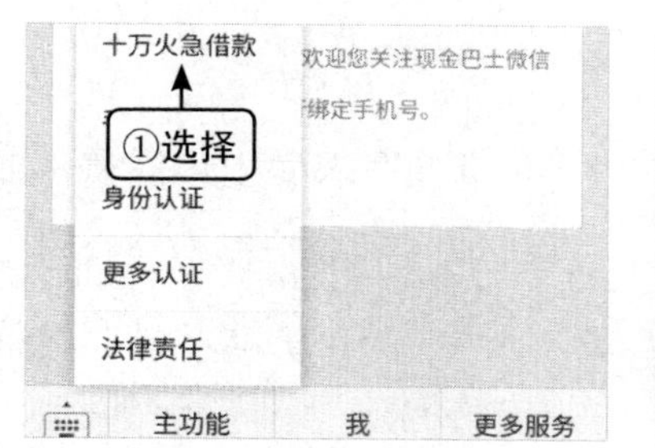

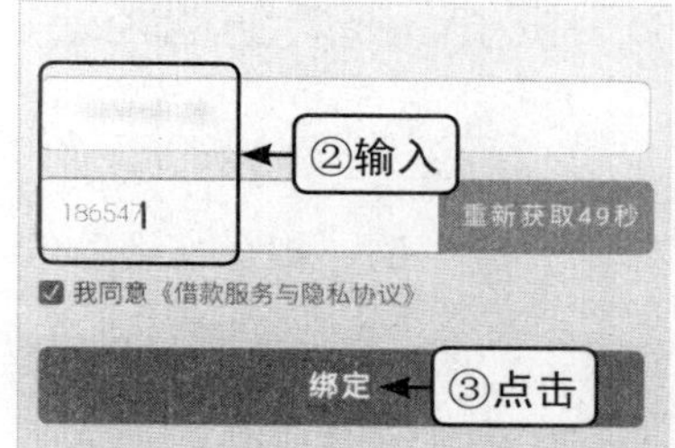

图 4-27

绑定成功后，在打开的页面中点击“开始借款”按钮。进入借款页面，选择“十万火急”选项，如图 4-28 所示。

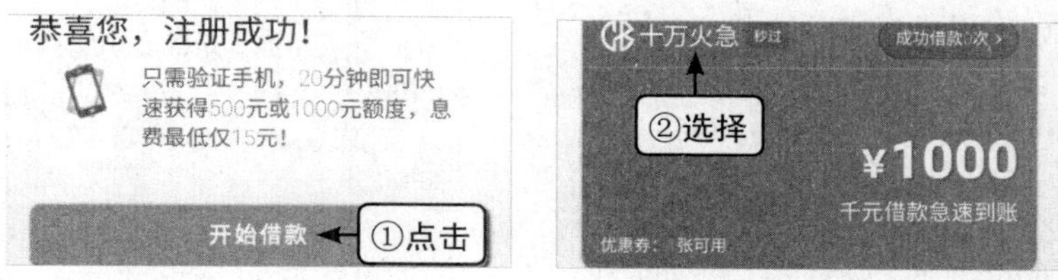

图 4-28

在打开的页面中选择借款金额和借款时长，点击“下一步”按钮。进入基本信息填写页面，填写姓名、身份证号码、月收入和职业，点击“提交”按钮，如图 4-29 所示。

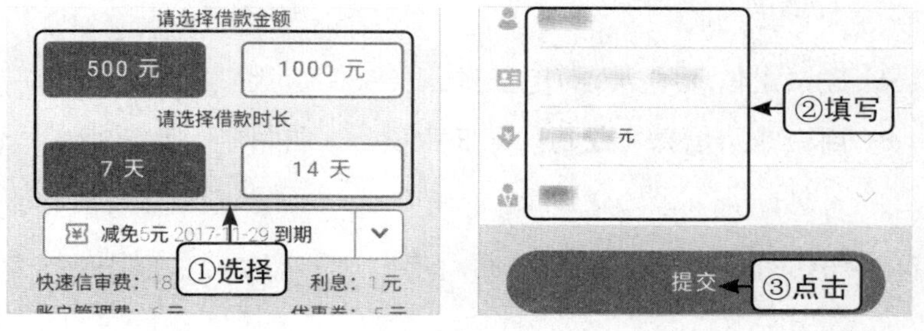

图 4-29

接下来会进入必备认证页面，完成认证后会进入审核流程，审核成功后即可获得借款。

4.3.8 手机贷，随时随地轻松贷款

手机贷是消费分期信贷服务平台，有贷款需求的用户只需一部手机就可以完成申请、到账和还款的全过程。“手机贷”微信公众号中，为用户提供了消费分期和消费单期两款信贷产品，两款产品的借款额度和期限如表 4-1 所示。

表 4-1　消费分期和消费单期产品的借款额度和期限

产品	借款额度	借款期限
消费分期	3000 ~ 20000 元	3000 ~ 20000 元：3 期（即 3 个月）； 5000 ~ 20000 元：3 期、6 期； 7000 ~ 20000 元：3 期、6 期、9 期； 8000 ~ 20000 元；3 期、6 期、9 期、12 期
消费单期	1000 ~ 20000 元	7 ~ 40 天

申请消费分期和消费单期时，需要提交的材料如下所示。

◆ **用户身份信息**：手机号（在注册时录入），身份证信息（要求扫描身份证确保五官清晰无遮挡，身份证资料清晰可辩），常住地址、学历、婚姻状态，人脸识别。

◆ **用户工作信息**：职业类型，单位名称，单位地址，单位电话，职位，收入。

◆ **联系人信息**：两项联系人信息（关系、姓名、手机号）。

◆ **用户信用信息（成功认证任意项）**：信用卡信息，京东认证，手机号认证，网银认证。

在手机贷公众号申请消费单期 / 消费分期，需要完成以下五大步骤，如图 4-30 所示。

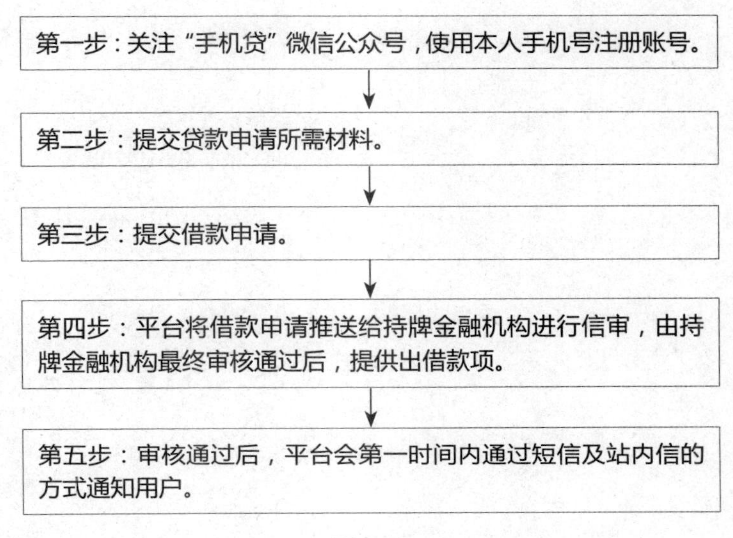

图 4-30

在手机贷申请消费分期 / 消费单期需要支付一定的费用，包括月利息和可能产生的滞纳金和逾期管理费。消费分期和消费单期的利息收取标准有所不同。消费分期的利息最低为 0.9%/ 期，消费单期的利息最低为 0.01%/ 天。

以上费用将根据借款人的借款期限、借款额度和个人信用等多个因素因素上下浮动，具体以自动生成的相关协议所载明的内容为准。

手机贷目前支持 4 种还款方法，包括微信支付、百度钱包、易宝支付和一键还款，在还款时用户可根据个人情况选择适合的还款方式。

知识加油站

在手机贷微信公众号中申请借款，若借款申请未通过可能是因为个人信息有误或身份证扫描件不符合要求造成的。另外，如果借款人的信用评分未达到相应持牌金融机构的系统要求，也会导致审核不通过。

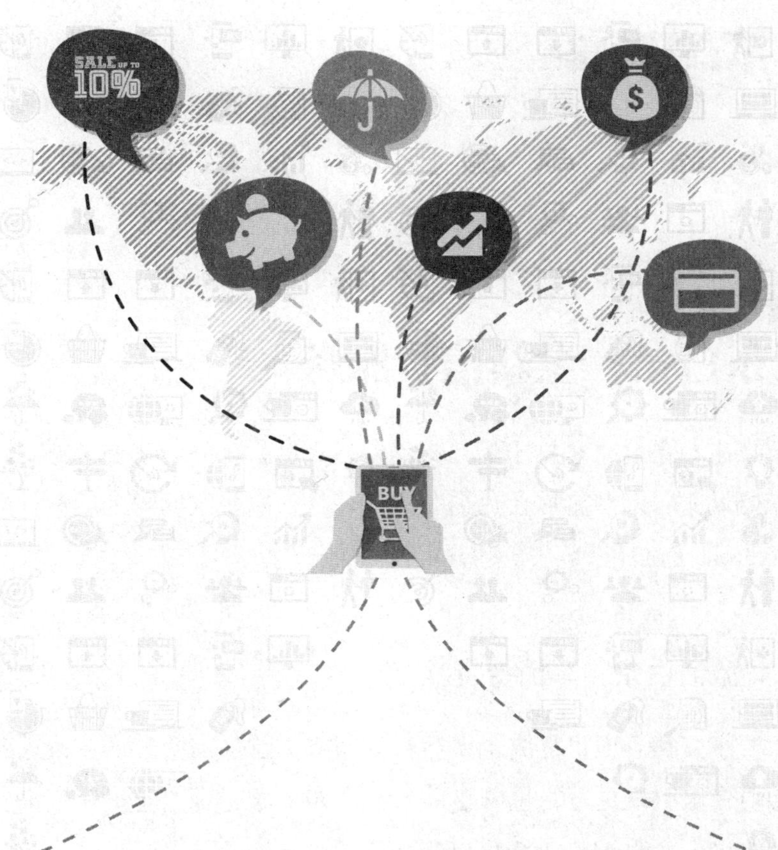

第5章

京东金融，更懂你的信贷生活

京东金融是京东金融集团打造的“一站式”在线投融资平台。目前，京东金融已建立起多个业务板块，包括供应链金融、消费金融、众筹、财富管理、支付、保险、证券和金融科技服务等，我们这里主要介绍其提供的消费金融和财富管理相关服务。

5.1

京东白条，全新信贷服务

京东白条是京东推出的“先消费，后付款”的全新支付方式。在京东网站上，消费者可使用白条进行付款，享受账期内延后付款或者最长 36 期（陆续开放中）的分期付款服务。

5.1.1 激活白条，享消费贷款

要享受白条提供的先消费后付款服务，首先需要激活白条。激活白条可在电脑端进行，也可在京东金融 APP 中进行，这里我们来看看如何在京东金融 APP 中激活白条。

在手机中下载并安装京东金融 APP，并登录个人京东账号，登录成功后在首页选择“白条”选项。在打开的页面中点击“立即激活”按钮，如图 5–1 所示。

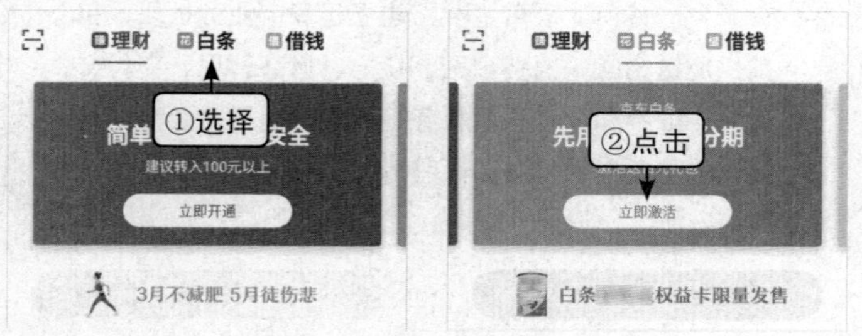

图 5–1

进入白条激活页面，点击“立即激活”按钮，在打开的页面中输入姓名和身份证号，点击“下一步”按钮，如图 5–2 所示。

图 5-2

完成实名认证后，输入银行卡卡号和银行预留手机号，点击“完成”按钮。在打开的安全校验对话框中，输入短信验证码，点击“确定”按钮，如图 5-3 所示。

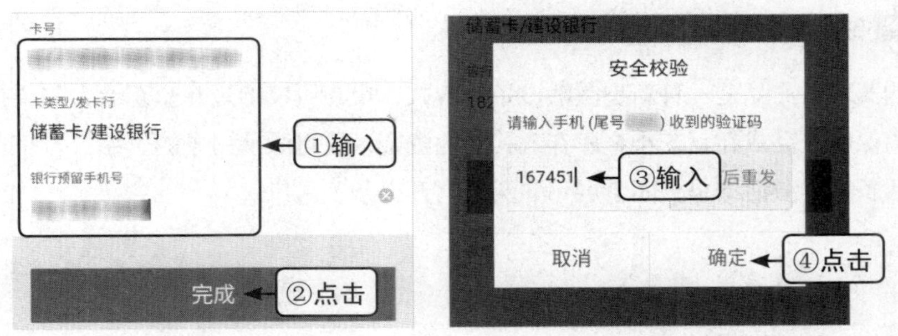

图 5-3

进入白条激活页面，选择家庭所在地，输入详细地址，选中“我已阅读并同意京东白条服务协议”复选框，点击“立即激活”按钮。在打开的页面中可查看激活结果和白条额度，如图 5-4 所示。

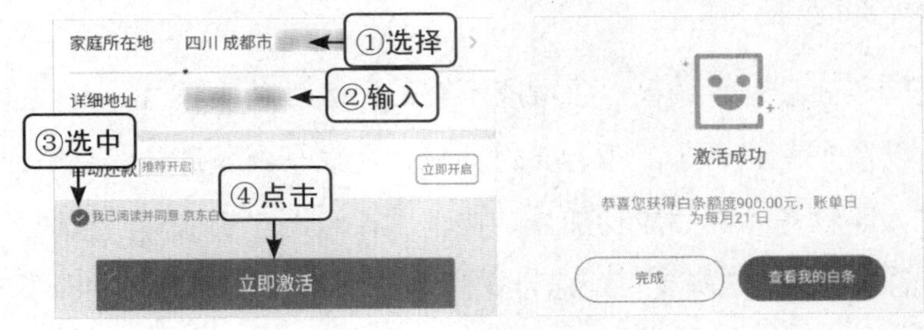

图 5-4

部分用户在激活白条时，可能会遇到激活失败的情形。若系统提示“暂时无法为您提供白条服务”，那么说明该账号暂时无法使用白条。若系统提示“可以购买理财开白条或办理小白卡开白条”，那么可以根据提示尝试操作。用户想要提高白条的激活成功率，可以尝试以下几种方法。

◆ 增加并保持更好的京东消费记录。

◆ 购买并使用京东金融的理财产品和服务。

◆ 开通小白信用，提高小白信用分。

◆ 一个月尝试激活两次，不要频繁操作。

知识加油站

购买理财产品是一种新型激活白条的方式，用户可以通过在京东金融购买指定的保险产品或在京东小金库存入相应的资金，获得激活白条的资格。若符合激活条件，激活结果页面会展示“买理财开白条”入口。

5.1.2 购买商品时，白条额度不够怎么办

白条激活成功后，就可以使用白条购物了。白条支持 1 号店，京东网站自营（京东大药房暂不支持），部分第三方商户的实物类商品、部分虚拟类商品、预售商品尾款，全球购以及京东众筹。此外，还支持部分外部商户。

在购买商品时，如果白条额度不够，那么可以选择组合支付进行支付。以白条 + 银行卡的组合支付为例，在京东商城选择商品后，将商品加入购物车。商品成功加入购物车后，点击“去结算”按钮。进入确认订单页面，选择支付配送方式为“在线支付”，点击“立即下单”

按钮，如图 5–5 所示。

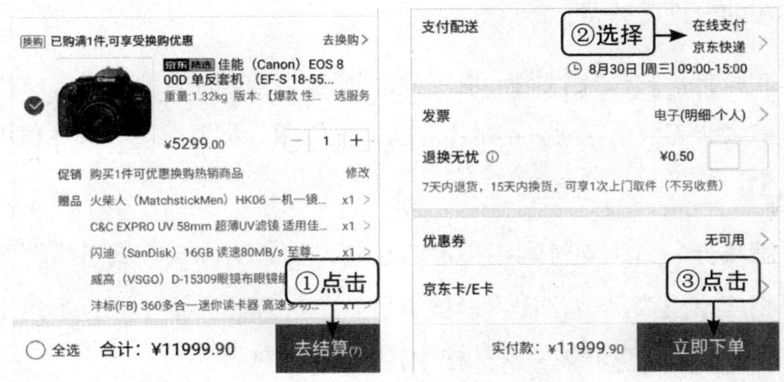

图 5–5

下单成功后，在京东收银台页面选中“打白条”复选框，再点击“组合支付 ××”按钮。进入组合支付页面，根据需求选择适合的组合支付方式，如这里选择“打白条 + 银行卡”的支付方式，点击“打白条 + 银行卡支付 ××”按钮。最后，输入支付密码，完成付款，如图 5–6 所示。

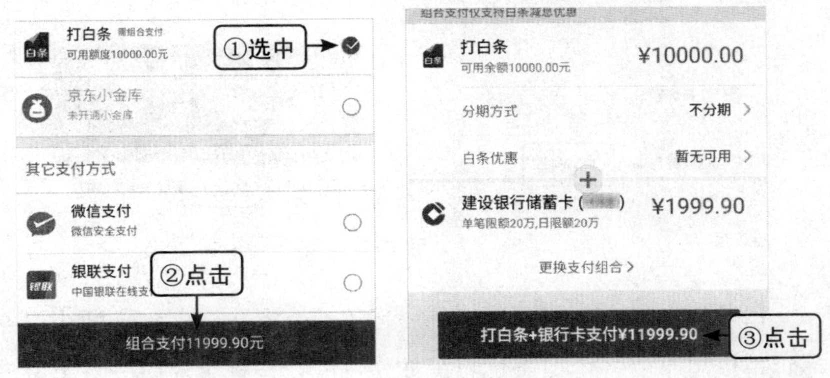

图 5–6

在付款时，用户如果有白条优惠券，那么可以使用优惠券享受减、立减和息费等优惠措施。白条优惠券主要有以下 5 个种类，如下所示。

免息券。白条支付购买指定商品时，选用分期支付，可减免 / 折扣相应的分期服务费。

立减券。白条支付购买指定商品时，可享受商品价格优惠，优惠后订单金额需大于 1 元，不足 1 元按 1 元收取，优惠券需一次性使用，不找零。

满减券。白条支付购买指定商品时，如所支付金额满足活动要求即可相应享受商品价格优惠，优惠后订单金额需大于 1 元，不足 1 元按 1 元收取，优惠券需一次性使用，不找零。

特权券。以白条专享的优惠价格支付指定商品，白条余额需大于商品原价才可使用特权券。

还款券。白条订单还款时，可使用还款券抵扣部分账单金额。

在京东商城和京东金融 APP 中都可以查看白条优惠券，以京东金融为例，在“白条”页面选择“白条券包”选项，在打开的页面中点击“我的优惠券”按钮即可查看优惠券，如图 5–7 所示。

图 5–7

白条优惠券可与京东商城优惠券（京券、东券）叠加使用。但单笔订单仅可享受一个白条优惠，如使用的白条优惠对应的订单取消或退货后，该账户不再享受该白条优惠。

5.1.3 如何提高白条额度

用户可以尝试每周领取固定提额包或临时额度提额包来提升白条额度。在京东金融 APP 的“白条”页面中，点击“额度管理”按钮，在打开的页面中选择“每周提额包”选项领取，如图 5-8 所示。

图 5-8

并不是所有的白条用户都可以领取提额包，如买理财产品开通白条后，暂不支持通过领取提额包的方式提升额度，但可以通过追加小金库份额后调整白条额度的方式提升白条额度。

如果用户认为当前的白条额度较多，想降低白条额度，又该怎么办呢？可通过调整固定额度的方式来降低白条额度。

在京东金融“白条”页面点击“额度管理”按钮，在打开的页面中选择“去调整”选项。进入“调整固定额度”页面，滑动滑块调整额度，再点击“调整固定额度”按钮，如图 5-9 所示。

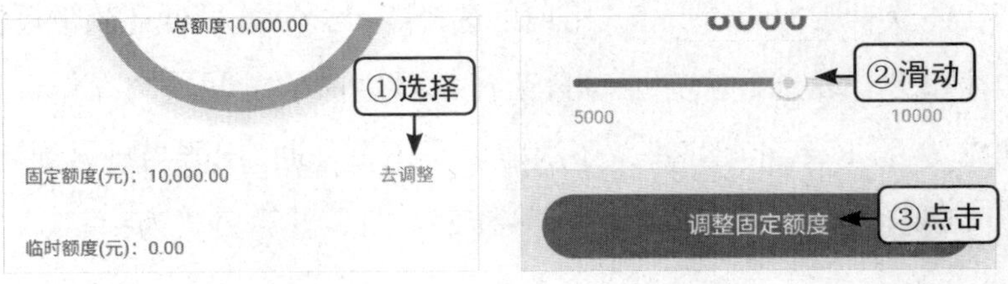

图 5-9

5.1.4 为白条账单还款

为白条账单还款，首先要清楚白条账单的还款日。白条还款日 = 账单日 +9 天。在京东金融“白条”页面，选择“× 月账单”选项，在打开的页面中即可查看账单日，如图 5-10 所示。

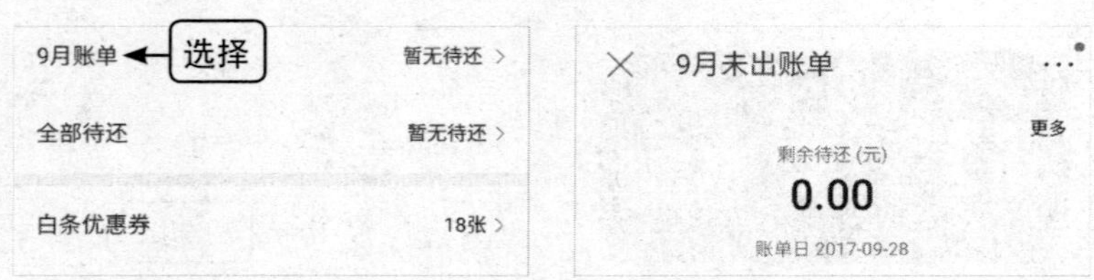

图 5-10

目前，白条的还款方式已由原来的订单制改为了账单制。白条账单制是指现在打白条消费后，一个月里只会收到一份合并账单。合并的账单有一个固定的账单日和还款日，出账单后至还款日（含当天）期间可以对当期账单金额进行全额还款、分期或支付最低还款额。

对于 2017 年 5 月后激活白条的用户来说，账单日为激活白条当天，若白条激活的当天为 29、30 或 31 日的用户，账单日会相应调整为 28、27 和 26 日。对于 2017 年 5 月前激活白条的用户来说，账单日在每月与生日对应的当日。

在还款有压力的情况下，用户可选择账单分期或最低还款额还款。使用账单分期功能，需在账单日至还款日之前的时间段内操作分期，分期成功后，该笔分期将进入下次账单偿还第一期，出账当日无须还款。账单分期的分期服务费率为 0.5% ~ 1.2%/ 月，计算公式为：

每期分期服务费 = 消费本金 × 分期服务费率（月）

如出账单后，本月的账单为 5000 元，若选择账单分期还款，分期期数为 3 期，分期费率为 0.7%。那么每期的分期服务费为：5000

×0.7%=35 元。

若使用最低还款额还款，则在还款日只需还清最低还款额。对于未全部还清的部分，系统会按日收取日服务费，日服务费计算公式为：

日服务费 =（本期待还总金额 − 用户实际还款金额）× 日服务费率

如本月应还金额为 10000 元，最低还款额 1000 元，日服务费率 0.05%。若在还款日只还款了最低还款额 1000 元，那么日服务费为：（10000−1000）×0.05%=4.5 元。

如果用户没有在还款日前操作账单分期，也没有还款最低还款额，那么会被视为逾期。逾期还款会被收取违约金，费率为 0.07%（日），总违约金计算公式为：

总违约金 = 应付未付总金额 × 违约金费率 × 违约天数

如本月应还金额为 2000 元，最低还款额 200 元，违约金费率 0.07%，还款日为 5 号，但 8 号发现自己忘还款了，此时还款，总违约金为：2000×0.07%×3=4.2 元。

白条账单逾期违约金（日）、服务费（日）不足 0.01 元时按 0.01 元收取，违约金按日累计计算。为了避免忘记还款，用户可开通自动还款功能，具体操作如下。

在“白条”页面选择“设置”选项，在打开的页面中选择“自动还款”选项，如图 5-11 所示。

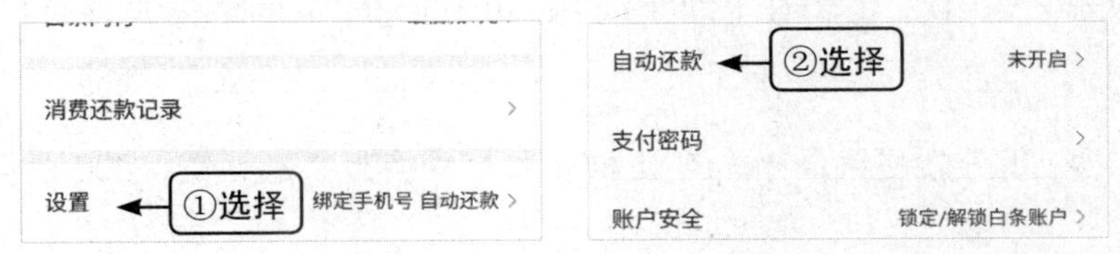

图 5-11

进入还款设置页面，点击“自动还款”按钮，在打开的页面中输入支付密码，点击“确认开启”按钮，如图 5-12 所示。

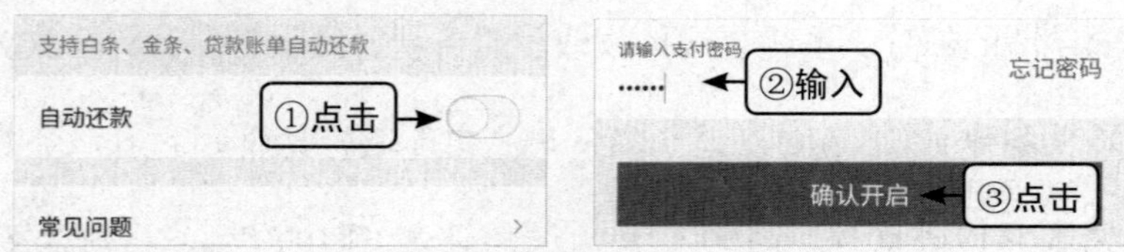

图 5-12

开启自动还款服务后，每笔账单最后还款日前一天，系统将自动扣款，暂不支持信用卡扣款。

除自动还款外，用户还可以选择提前还款。提前还款可在结清当期账单后，对未出账单或剩余全部待还款金额进行提前还款。还款金额可以手动输入，但不可低于 10 元。

5.1.5 申请白条联名卡，不定期享优惠福利

白条联名卡是京东与银行合作的联名信用卡产品，简称“小白卡”。白条联名卡的种类有很多，包括中信白条联名卡、光大白条联名卡和民生白条联名卡等。

（1）中信白条联名卡

目前有中信小白卡经典版、中信小白卡暖心版和中信小白卡（Visa）等品种。其中，中信小白卡经典版和中信小白卡暖心版具有以下权益。

- **积分就是钱：**刷卡可计积分自动兑换为京东钢镚，800 分换 1 钢镚。

- **扫码有惊喜**：特有财富二维码，扫码领钱，活动不断更新。
- **白玩不花钱**：指定渠道订机票，享航班延误 4 小时赔付 1000 元。

中信小白卡（Visa）具有以下权益。

- **年费全免**：有效期内免年费，享 Visa 白金级别待遇。
- **全币种卡**：境外消费，免 1.5% 境外货币转换费。
- **三倍钢镚**：消费积分兑换比例升级为 800 积分换 3 钢镚。
- **其他**：五星酒店自助餐 2 免 1。

（2）光大白条联名卡

目前有光大小白卡（银联、Visa），其中光大小白卡（银联）具有以下权益。

- **免年费**：金卡账户，开卡无须消费即可享有效期内免年费。
- **出国无忧**：推广期机场贵宾厅待遇，百万出行保障。
- **购物无忧**：可计积分自动兑换为京东钢镚，1000 积分兑换 1 钢镚。

光大小白卡（Visa）除具有免年费和出国无忧权益外，还具有以下权益。

- **全币种卡**：用户持卡在境外消费免货币转换费，境外免取现手续费。
- **海淘无忧**：海淘无忧境外购物返现，积分自动换京东钢镚，代办签证，手机办理退税无须排队。

（3）民生白条联名卡

目前有民生小白卡（银联），具有以下权益。

- **积分加倍**：生日当天消费 3 倍积分，每月特权日消费 3 倍积分。
- **星巴克轻松兑**：每月满足条件者送星巴克大杯饮品。

◆ **酒店礼遇**：每月满足条件者星级自助餐买一送一。

◆ **取现减免**：免民生银行本行渠道取现手续费。

白条联名卡可在京东金融网页端和 APP 中办理，下面来看看如何在京东金融 APP 中申请办卡。

在“白条”页面，选择“小白卡”选项，在打开的页面中选择要申请的小白卡的类型，点击“立即办卡”按钮，如图 5-13 所示

图 5-13

在打开的页面中点击“立即申请”按钮，进入基本信息填写页面，填写身份证有效期、短信验证码等信息，选中“我已阅读并同意以下协议”单选按钮，点击“下一步”按钮，如图 5-14 所示。

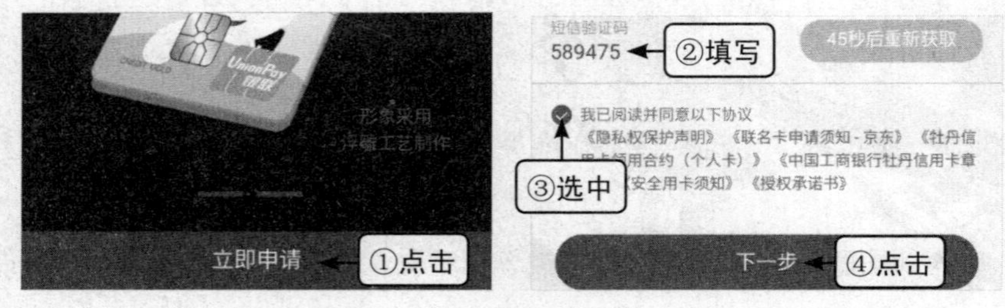

图 5-14

完成以上步骤后，再根据页面提示填写相关信息并提交。信息提交后需等待银行审批，审批通过后银行会发卡。用户可在小白卡选择页面点击“办卡进度”超链接，查看办卡进度。

知识加油站

中信银行白条联名卡每个卡种只能申请一次，用户如果申请其中一个卡种失败，可以尝试申请中信小白卡其他卡种，或选择申办其他类型的小白卡。光大银行、民生银行白条联名卡如申请失败，且申请进度页面显示为申请失败，可在提交申请之日起的 30 天后，重新尝试申请相同卡种的白条联名卡。

5.1.6 适合在校大学生的校园白条

对于在校大学生来说，可以选择开通校园白条。开通后，大学生可以使用白条在京东网站购物，享受“先消费，后付款”增值服务。校园白条的开通条件如下所示。

- **基本条件**：已成为京东会员，且年满 18 周岁的在校大学生。
- **学历**：全国一本、二本、部分三本以及部分专科。

目前，校园白条暂不对专升本、成人高校、夜大及函授等用户开放。在校大学生可在京东金融 APP 白条激活页面，点击“学生专属通道”按钮进入白条激活页面，如图 5-15 所示。

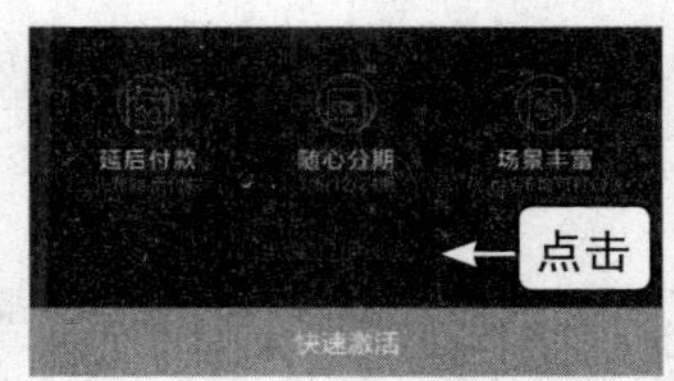

图 5-15

点击“学生专属通道”按钮后，会进入基本信息填写页面，按照页面提示如实填写姓名、身份证号、手机号及学校所在地等信息，再点击“立即认证”按钮（若校园推广员、校园合伙人或面签员提供了邀请码，请填写邀请码）。

此时，页面会进入联系人信息页面，填写与联系人的关系，该联系人的姓名和手机号，点击“下一步”按钮。

最后，会进入实名认证环节选择认证方式，可能包含银行卡认证、视频认证和校园专员线下认证，根据页面实际可选情况进行选择，再点击“去认证”按钮。完成认证后，即可激活校园白条。

校园白条和普通白条的使用方法相同，其提额方法与还款方式也与普通白条一致。

5.1.7 旅游白条，旅游信贷服务

旅游白条是京东金融推出的一款旅游信贷服务，用户仅需在出行前支付首期金额即可出行，剩余款项需每期按时还款。使用旅游白条可购买京东旅游及合作旅游商户提供的旅游度假品类下的旅游线路、机票和酒店等产品。

申请旅游白条可在首付游官网或首付游 APP 上进行，我们这里以首付游官网为例，来看看如何申请旅游白条。

进入首付游官网（https://www.shoufuyou.com/），选择适合自己的旅游白条商品，如图 5-16 所示。

图 5-16

在打开的页面中选择出行日期和出行人数，单击“立即预订”按钮，再完成下单即可，如图 5-17 所示。

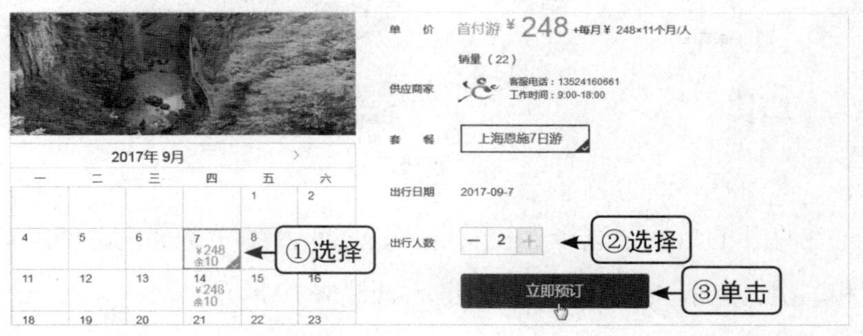

图 5-17

5.1.8 驾驶员培训的驾校白条

驾校白条是京东金融提供的应用于购买驾驶员培训产品的信贷服务。驾校白条可在线下商户申请，也可以在京东金融 APP 中申请，在线下申请可享受 0 元首付，在京东金融 APP 中申请需要支付一元的首付款。

申请驾校白条需支付一定的分期手续费，每期分期手续费的计算公式为：

每期分期手续费 = 贷款总金额 × 分期手续费率（0.5%）

分期手续费与分期本金按期一起收取，下面来看看如何在京东金融 APP 中申请驾校白条。

进入京东金融 APP 首页，在“白条”页面中选择“消费分期”选项，在打开的页面中点击“驾考白条”按钮，如图 5-18 所示。

5-18

在打开的页面中选择驾校及课程，进入商品详情页，选择车本类型和车型，点击“分期购买”按钮，如图 5-19 所示。

图 5-19

进入“白条收银台”页面，选择“分几期还”选项，在打开的列表中选择分期期数，如图 5-20 所示。

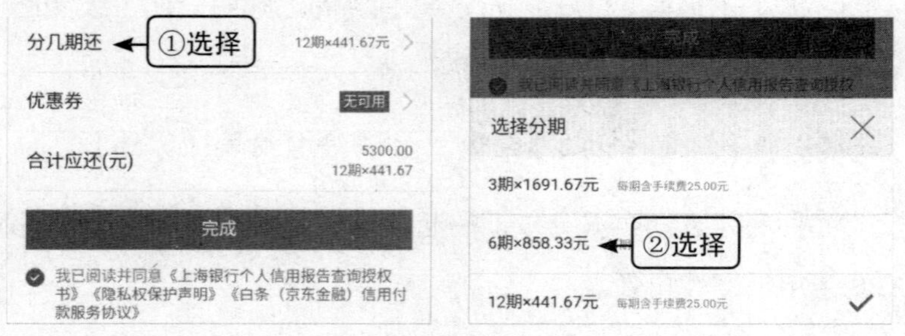

图 5-20

在返回的页面中，点击“完成”按钮，再进行首付款的支付。首付款支付成功后即完成分期申请，申请人需尽快与驾校联系，选择就近门店提交报名所需材料完成报名。

5.1.9 租房白条，享品质生活

租房白条是京东金融为租户打造的房租月付的金融产品，申请成功的用户，由京东金融为其向商户垫付除首月房租和押金以外的房屋费用，用户仅需按月还款即可，全程线上申请，实时审批。目前，租房白条支持如表 5-1 所示的商户。

表 5-1 租房白条支持的商户

商户	支持的地区
自如	北京、上海、深圳
租了么	北京、上海、西安、石家庄、郑州、南京、程度、武汉
优客逸家	成都、武汉、北京、杭州
微领地	上海、杭州
中天置地	北京
异乡好居	美国、英国、澳洲、新西南、加拿大所有城市的所有公寓

根据商家的不同，租房白条的总贷款额最高可达 15 ～ 20 万元。目前，租房白条采用的是等本等息的还款方式，每期还款金额的计算公式如下所示（自如商户白条除外）。

每期还款总金额 = 每期还款本金（每月房租）+ 分期服务费

首付款 = 每月房租 + 押金

每分期服务费 = 每期还款本金 + 分期手续费率（0.5% 起）

用户如果逾期还款会被收取逾期违约金，每期逾期违约金为未还贷款总额（包括未还本金、未还分期服务费）的 0.5‰。了解了租房白

条的相关信息后，下面来看看如何在京东金融 APP 申请租房白条。

在“白条”页面选择“消费分期”选项，在打开的页面中点击“租房”按钮，如图 5-21 所示。

图 5-21

在打开的页面中选择商户，选择不同的商户会进入不同的白条合作页，如点击“优客逸家“按钮，会进入优客逸家白条合作页，点击“在线预约”按钮会进入优客逸家租房信息页面，如图 5-22 所示。

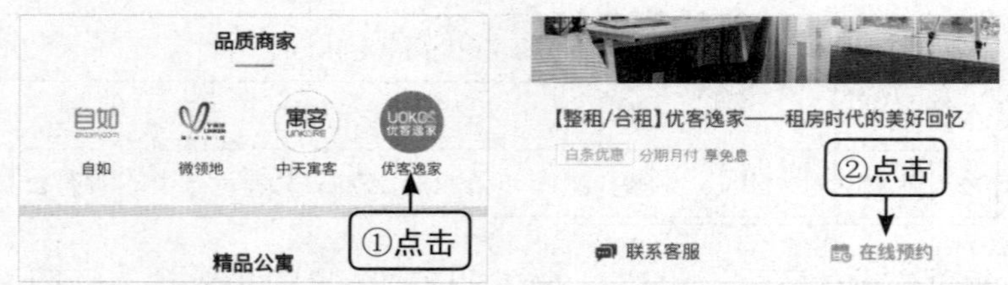

图 5-22

在打开的页面中搜索或选择房源，进入房屋详情页后，点击“预约看房”按钮，再根据页面提示完成在线预约，如图 5-23 所示。

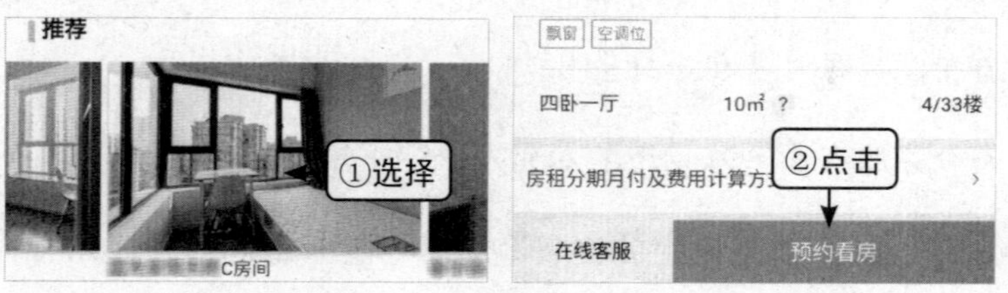

图 5-23

在申请租房白条时，不同的商户其申请流程会有所不同，如在优客逸家申请租房白条，具体步骤如图 5-24 所示。

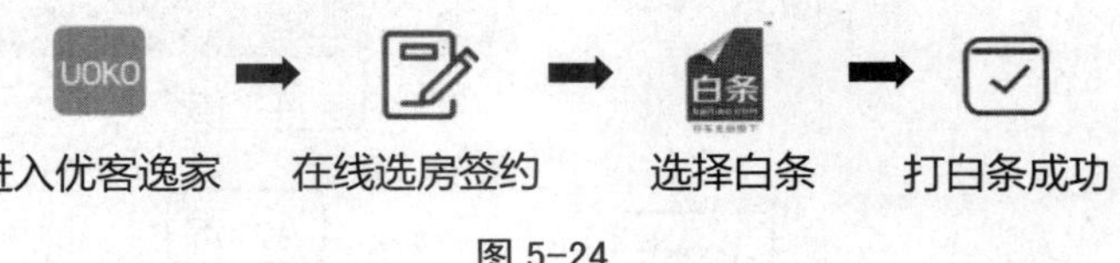

图 5-24

5.1.10 教育白条，教育产品专项信贷

教育白条是京东金融提供的应用于教育产品及服务的专项信贷服务。下面来看看如何在京东金融 APP 中购买教育白条产品。

打开京东金融 APP，进入“消费分期”页面，点击“教育”按钮。在打开的页面中选择教育产品，如图 5-25 所示。

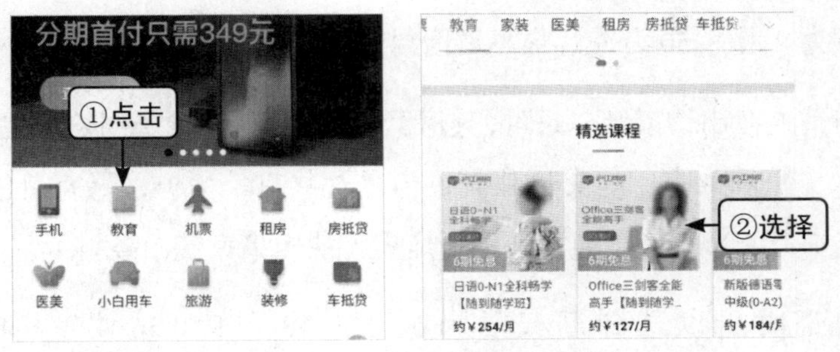

图 5-25

进入商品详情页，点击“分期购买”按钮。在打开的页面中选择分期期数，点击“完成”按钮，再完成支付，即可购买成功，如图 5-26 所示。

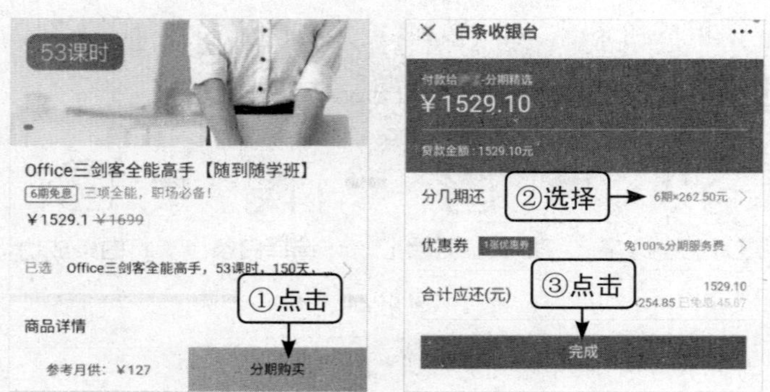

图 5-26

5.1.11 家装白条，家装也能打白条

家装白条是京东金融白条推出的装修贷款服务，其合作商户有百安居、塞纳春天和龙发装饰等。其中，百安居、塞纳春天商户的可贷款金额为 2 万 ~ 50 万元，最高额度可个案沟通。

申请人在申请家装白条时，其房产归属要满足以下要求：房主本人；配偶；与配偶共有；与父母共有；与子女共有。另外，只有自住型房屋才能申请家装白条，商铺及租赁房屋无法申请家装白条。

申请时可以选分期权限为 6、12、18、24 和 36 期，其中 6、12 期免息，18、24 和 36 期的月利率为 0.5%。下面来看看如何在京东金融 APP 中申请家装白条。在京东金融“白条”页面选择“消费分期”选项。在打开的页面中点击“装修”按钮，在新的页面中点击广告页（广告页的内容会随着时间变化而有所不同）如图 5-27 所示。

图 5-27

在打开的界面中点击“申请白条”按钮，在新页面中点击“申请额度”按钮，进入“申请家装白条额度”页面，按要求填写基本信息，进行刷脸认证，填写其他资料，再点击“提交审核”按钮，如图 5-28 所示。

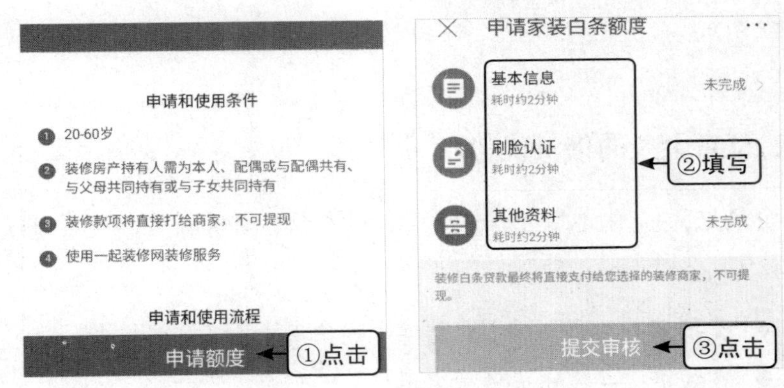

图 5-28

线上提交材料后，再根据页面提示完成以下步骤，即可成功申请家装白条，如图 5-29 所示

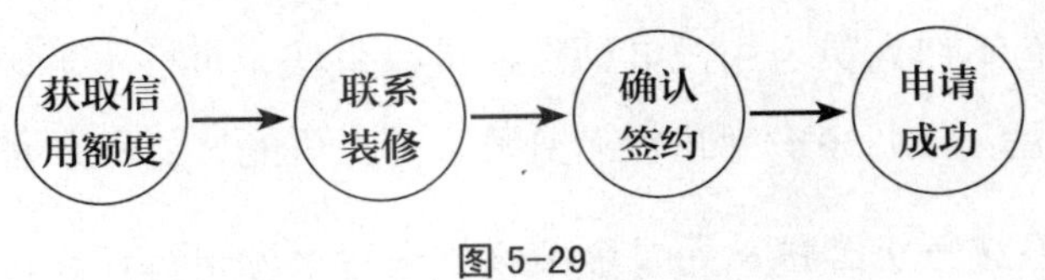

图 5-29

申请家装白条额度会有两个工作日的审核时间，审核通过后，才能获得信用额度。

5.2 京东金条，量身定制的现金借贷服务

在京东金融中，用户除可以享受各种“先消费、后还款”分期付款方式外，还可以用个人信用借款，京东金融提供的信用借款产品被称为金条。

5.2.1 京东金条的借贷优势

金条是为信用良好的用户量身定制的现金借贷服务，其具有以下优势。

- **无抵押**：用户只需绑定储蓄卡或信用卡即可轻松借款。
- **在线贷**：在线完成借款申请后，即可获得借款。
- **分期还**：支持分期还，用户可选 1、3、6、12 期还款。
- **随时还**：支持提前还款，按日计息。

一般情况下，金条借款资金会在申请提交后 30 分钟内到账。部分情况下会有工作人员与用户电话沟通进行审核，审核不会影响到账时效。如果金条借款 30 分钟内没有到账，那么可能是如下原因导致的。

银行系统升级维护。如果金条收款银行卡发卡行正在进行系统升级和维护，可能导致打款失败。用户可联系银行咨询，如果银行维护时间较长，金条借款页面会有公告提醒，可留意查看并关注借款到账情况。

借款银行卡状态异常。如果收款银行卡状态异常，如注销、冻结等，

也有可能影响资金入账。用户可以联系银行卡发卡行确认当前银行卡状态。如果借款至异常银行卡，系统通常会在两个工作日内恢复额度。

不同用户可申请的金条额度是不同的，金条额度与个人消费记录、借款和还款习惯有关。京东金条暂不支持主动申请提额和人工提额，只能由系统不定期提额。

如果在京东金融中，用户没有找到京东金条的申请入口，那么说明当前账号信息暂时未能通过系统评估，京东金融暂时无法为该账号提供金条借款服务。

5.2.2 京东金条的收费标准

京东金条按日利率计息，日利率为 0.04% ~ 0.095% 之间。当期应还利息 = 日利息 × 借款天数，日利息 = 当前应还本金（全部应还未还本金）× 日利率。如果金条逾期还款，那么会被收取违约金，违约金按 0.06% ~ 0.15%/ 日收取，违约金计算公式为：

违约金 = 未还全部金额（该笔借款单全部应还未还本金）× 违约金比例 × 违约天数

例如一用户在 2017 年 9 月 30 日借款金条 5000 元，借款期限为 3 个月，日利率为 0.04%。还款日分别为 2017 年 10 月 30 日、11 月 30 日、12 月 30 日。

假设该用户在 2017 年 10 月 30 日没有还款，且违约金按 0.06%/ 日收取，那么到 2017 年 11 月 3 日，本期已发生借款 34 天，违约 4 天。则当期应还违约金为 5000 × 4 × 0.06%=12 元。

知识加油站

任何一期未在还款日或还款日之前足额归还当期借款本金及利息视为逾期，自逾期之日起计算违约天数。如存在两期以上逾期，各期的逾期违约金累加计算（违约金金额四舍五入计算至小数点后两位）。

5.2.3 如何申请京东金条

满足京东金条申请条件的用户，可在京东金融 APP 中申请金条，具体申请流程如下。

在京东金融首页选择“金条可借额度”选项，在打开的页面中点击“我要借款”按钮，如图 5-30 所示。

图 5-30

进入“金条借款”页面，输入借款金额，选择借款期限和收款账户，点击“确认借款”按钮，如图 5-31 所示。

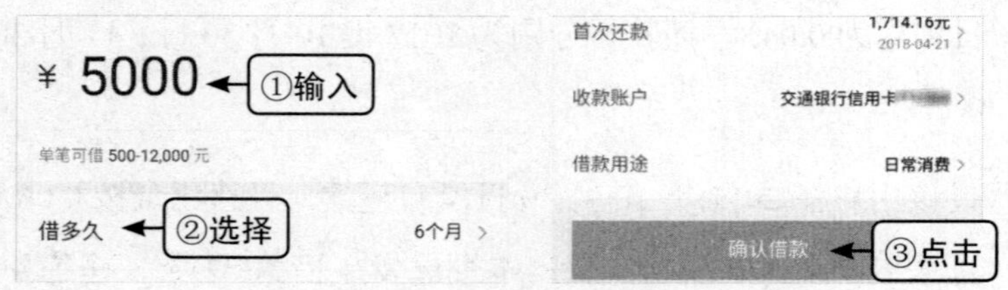

图 5-31

在打开的页面中阅读协议，阅读后点击“同意”按钮，在打开的页面中输入身份证号码，点击“确认”按钮，如图 5-32 所示。

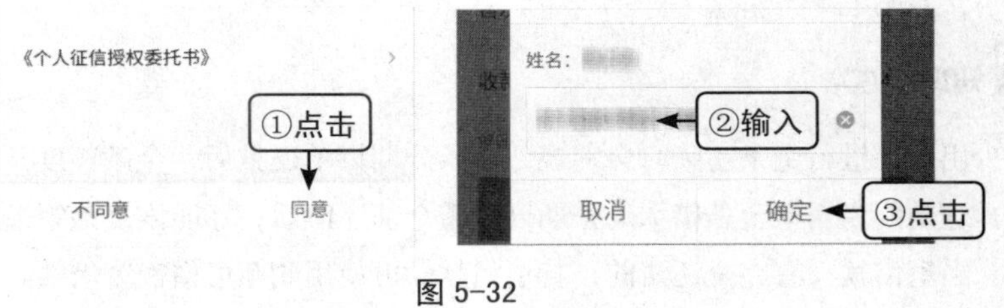

图 5-32

在打开的页面中输入短信验证码和支付密码，点击“确定”按钮，即可完成申请，如图 5-33 所示。

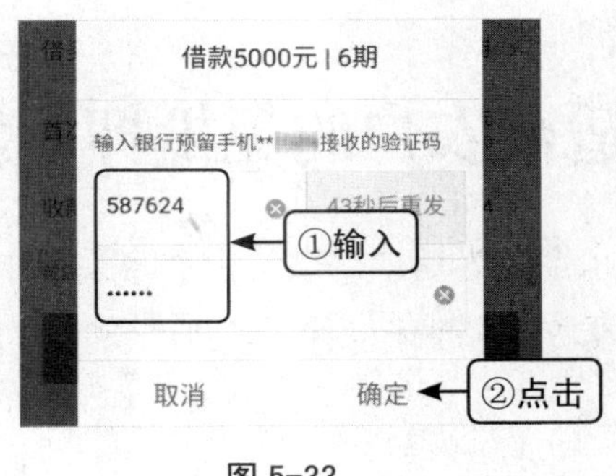

图 5-33

在进行金条借款时，如页面提示“打烊中”，表示系统正在维护升级，可更换时间再次尝试借款。系统默认的打烊时间为 23:30 至次日 00:30，也可能因银行维护、系统升级等原因临时打烊。

金条借款成功后，若用户需要发票，可以联系客服开具发票。但只有分期服务费和逾期费可以开具内容为服务费的增值税普通发票，本金部分无法开具发票。

金条在借款后会涉及到还款，目前，金条仅支持使用储蓄卡和小金库还款（部分用户能用小金库还款）。如果在还款时单笔金额超限，可以通过修改单笔还款金额的方式调低该笔支付金额或通过电脑端网银支付的方式进行还款。

知识加油站

不少用户在进行金条还款时会发现，金条分期订单还款后，金条额度并没有恢复。这是因为当笔金条借款的分期订单需全部还清后，才能恢复该笔借款的额度。当笔借款没有完全还清前，若要借款，可使用剩余可借额度借款。

5.3 京农贷，适合农户的免抵押贷款

京农贷是京东金融为用户提供的用于购买农业生产资料的贷款服务。用户申请京农贷能享受无抵押、低息的贷款服务。

5.3.1 充分了解京农贷

目前，京农贷只面向部分地区的农户开放申请，部分可申请地区如下所示。

- 先锋京农贷首批只对山东地区先锋种子种植户开放。
- 仁寿京农贷首批只对四川仁寿地区的枇杷种植户开放。
- 养殖贷只针对（新希望旗下普惠农牧融资担保有限公司）体系内的农户。
- 京农贷还向汇源（濮阳）羊业有限公司、平顶山现代养殖专业合作社总社及新疆建设兵团等企业的农行开放个人贷款业务。

对于上述地区的农户，还需满足一定的条件才能申请京农贷，具

体有以下 3 点。

①申请人须为中国大陆公民。

②年龄 18 ~ 65 周岁。

③无不良信用记录，具备相应还款能力。

不同的京农贷产品具有不同的优势，具体如表 5-2 所示。

表 5-2 京农贷不同产品优势

产品	用途	优势
先锋京农贷	为种植环节的生产资料需求提供融资贷款，帮助农民增产增收	1. 满足扩大种植所需的资金，让农户生产无忧； 2. 还款方式灵活，利息按天数计算
仁寿京农贷	依托农产品收购订单，为订单农户提供生产所需的流动资金贷款	1. 农户直接获得现金贷款，使用灵活； 2. 农户可以通过订单履约偿还贷款本息
养殖贷	探索“互联网信贷 + 保险 + 担保”的模式，为新希望六和产业链上下游的农户提供贷款支持	1. 满足养殖农户生产所需流动资金和固定资产贷款； 2. 还款方式灵活，按日计息，到期利随本清； 3. 保险和担保共同提供外部增信，提高风控管理能力

京农贷的贷款期限为 1 ~ 12 个月，根据产品不同，贷款期限可能有所不同，具体以京东金融最终审批结果为准。京农贷贷款利率为月利率 0.54% ~ 1% 之间，同样也以京东金融最终审批结果为准。

5.3.2 如何在京东申请京农贷

申请京农贷要在京东金融网页端进行，首先进入京东金融官网首页（https://jr.jd.com/）并登录京东金融账号，在“白条”下拉列表中选择“京农贷”选项，如图 5–34 所示。

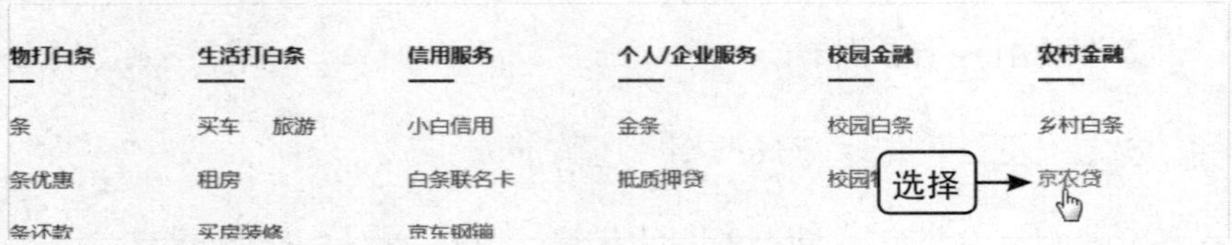

图 5–34

在打开的页面中单击“申请贷款”按钮，在打开的对话框中输入合作验证码，单击“申请贷款”按钮，如图 5–35 所示。

图 5–35

合作验证码验证通过后，再按照以下操作流程完成京农贷的贷款申请。

①进入验证身份信息页面，填写姓名、身份证号、手机号和短信验证码，单击“下一步”按钮。

②在个人信息页面填写个人信息。包括居住地址，婚姻状况，联系人姓名、与本人关系和联系人手机号，单击“下一步”按钮。

③进入贷款信息填写页面，选择收款银行、贷款期限、还款方式和贷款用途，填写申请金额、经营项目、经营规模、近一年经营收入和从业年限，单击“下一步”按钮。

④上传资料，包括申请人身份证正反两面、配偶身份证正反两面、

结婚证、本人户口本（包括户口本首页、本人信息页和户主信息页）、征信报告、担保推荐函、近半年银行流水、实地经营照片、房产证明和车产等其他资料证明，上传完成后单击“下一步”按钮。

⑤资料提交后，系统会在 1 ~ 7 个工作日内完成审核，如申请失败，可在一个月后再次尝试申请。

知识加油站

京农贷贷款生效日的次月起需要进行还款，每月还款日与申请生效日一致，如果还款当月没有该日，则还款日为月度最后一天。如申请贷款日为 1 月 31 日，则 2 月还款日为 2 月 28 日或 29 日，3 月还款日为 3 月 31 日，4 月还款日为 4 月 30 日。

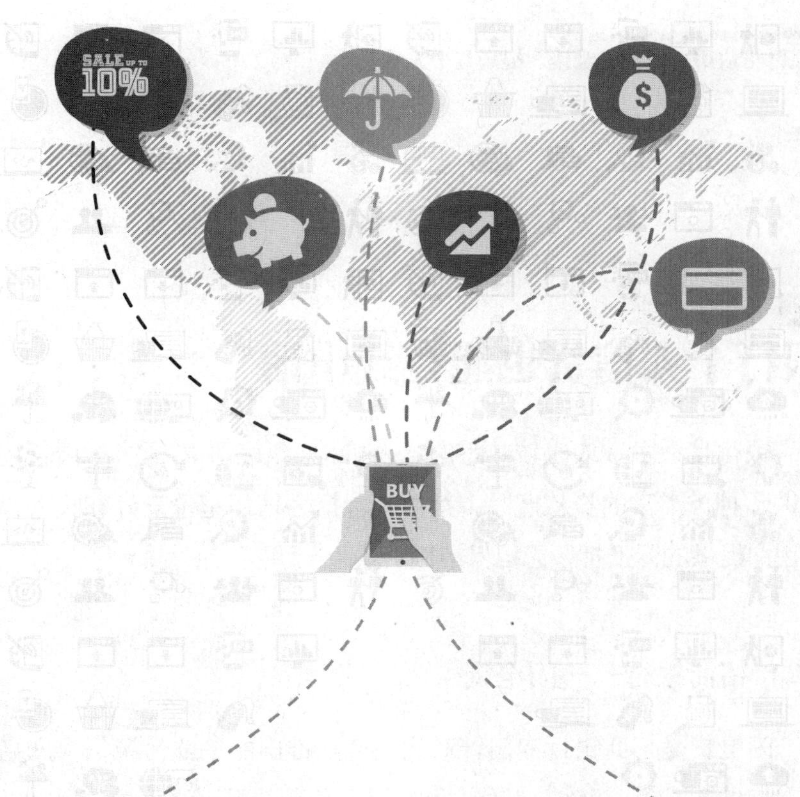

第6章

在线申请，极速实现小额信贷

目前，能申请小额信贷的渠道有很多。除了我们熟悉的银行外，还有其他机构也能为借款人提供小规模金融服务，下面就来看看那些方便快捷的小额信贷平台。

6.1 银行个人信贷也能在线申请

银行是大多数人比较熟悉的金融机构，为有不同需求的借款用户提供了种类丰富的贷款产品，其中就包括为信用记录良好和收入稳定的用户提供的无抵押、无担保小额贷款。

6.1.1 招商银行——闪电贷

闪电贷是招商银行专门针对优质客户推出的一款信用贷款产品，对于有生意周转、购车、装修、购物以及旅游等融资需求的用户来说，都可以申请闪电贷。

闪电贷无须抵押及担保，也无须书面材料，申请后最快 60 秒即可完成贷款审批，审批通过后将立即发放借款至用户在招商银行的借记卡活期账户。

闪电贷的最高贷款金额不超过 30 万元，最低不低于 1000 元，招商银行会根据用户在银行的业务情况核定闪电贷最高申请金额。但并不是所有招商银行用户都可以获得闪电贷申请资格，对于没有申请资格的用户来说，可以通过以下方法获得申请资格。

- 在招商银行办理更多零售业务，如存款、理财等。
- 如果用户在做生意，可办理招商银行“收付易”POS 机，每月多刷卡。
- 如用户拥有房产或其他抵押资源，可拨打 95555 转个人客户服务进行申请。

用户可通过招商银行手机银行查询是否获得“闪电贷”申请资格，若有，可在手机银行中进行申请，具体查询流程如下。

登录招商银行手机银行，在首页点击“我的”按钮，在打开的页面中选择“我的贷款”选项，如图 6-1 所示。

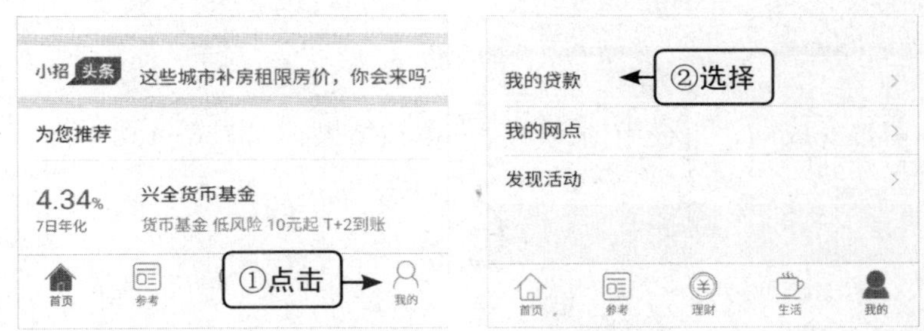

图 6-1

进入“我的贷款”页面后，点击“申请额度”按钮。在打开的页面中选择“线上自助申请”选项，如图 6-2 所示。

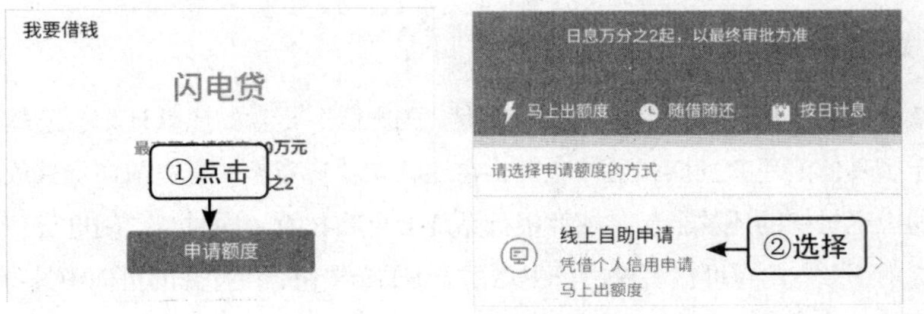

图 6-2

进入申请页面，选择公积金缴纳地，选中“本人已阅读并同意……”复选框，点击“申请额度”按钮。系统会自动进行审核，点击“我知道了”按钮，如图 6-3 所示。

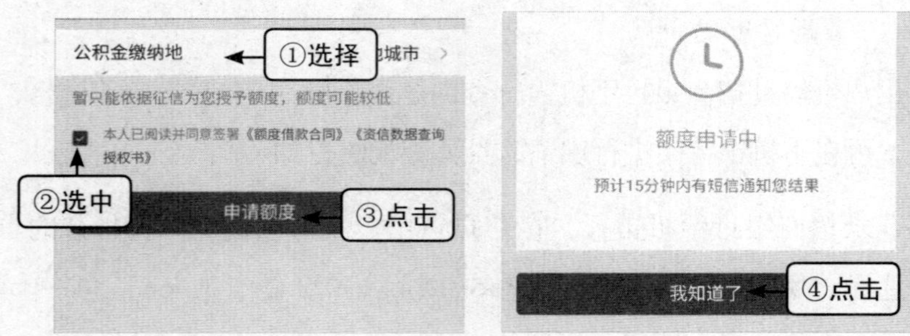

图 6-3

审核完成后，可在申请页面查询审核结果，如图 6-4 所示。

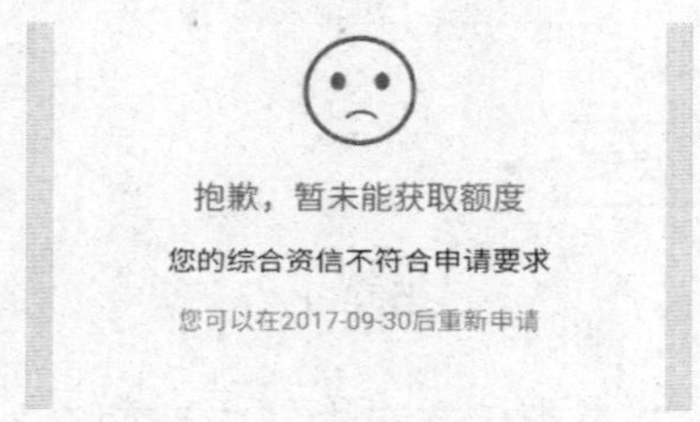

图 6-4

知识加油站

贷款发放后，用户可在手机银行中查询“闪电贷”贷款的还款计划，还款计划显示了具体的还款日期和还款金额，在还款扣款日当天，需提前在贷款放款一卡通中存足够的还款金额，招商银行系统会自动扣收。同时，“闪电贷”也支持提前还款，用户可在手机银行中点击“我的”按钮，在打开的页面中选择“我的贷款”选项，再点击“还钱”按钮进行还款。

6.1.2 建行“快贷”，在线实时审批

建行快贷是建设银行推出的个人客户全流程线上自助贷款服务，客户可通过建设银行电子渠道在线完成贷款，包括实时申请、批贷、

签约、支用和还款。

快贷的贷款对象为信用良好的建设银行个人客户，只要在建设银行办理业务（如存钱，购买理财、国债、基金，贷款，代发工资等）都可能获得额度，且办理业务越多，额度越高。

快贷操作简单，使用灵活，支持随借随还。成功办理后，贷款即时可用，贷款可用于网购支付、刷卡支付和提现，这 3 种用途的使用方法如下所示。

网购用快贷。在电商平台支付时，选择建设银行网上银行、手机银行或龙支付等付款方式进行支付。

刷卡用快贷。使用签约快贷的储蓄卡刷卡即可完成支付。签约储蓄卡默认“优先使用贷款”，若暂不想使用快贷刷卡，可在建设银行手机银行中修改储蓄卡消费顺序。

提现用快贷。在“快贷”页面，点击“支用”按钮，选择需提现的贷款账户，按照页面提示将贷款提现至个人结算账户中。

用户可通过建设银行手机银行查询是否拥有快贷贷款资格，具体流程如下所示。

登录建设银行手机银行，在首页点击“快贷”按钮，进入“快贷”页面即可查看快贷贷款资格，如图 6–5 所示。

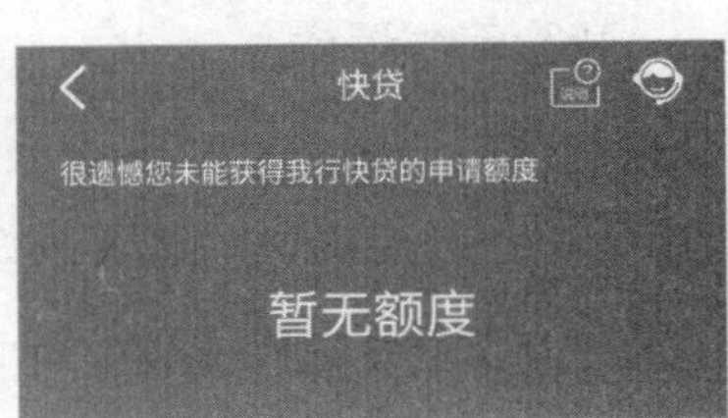

图 6–5

对没有快贷申请资格的用户来说，可通过以下方法获得贷款资格。

◆ 成为建设银行住房贷款客户。

◆ 提供房产抵押或其他有效担保，联系建设银行个贷中心办理其他贷款服务。

◆ 在建设银行办理更多存款、理财业务。

对有申请资格的用户来说，可以按照以下流程完成快贷贷款操作。

①登录建设银行手机银行，在“快贷”页面点击“申请”按钮，进入申请页面，输入申请额度，选择关联账户，选中“我已阅读……”复选框，点击“下一步”按钮。

②在打开的页面中输入短信验证码，点击“同意并申请”按钮。提交申请后系统会显示快贷申请成功，用户可在“贷款”页面点击“我的贷款”按钮查看快贷贷款情况。

快贷是针对个人用户的贷款产品，而针对小微企业，建设银行提供了“小微快贷”贷款产品。小微快贷是基于企业和企业主个人的资产、信用等情况进行授信的贷款产品，其具有以下特点。

◆ 信用贷款。

◆ 全流程线上办理。

◆ 免抵押、免担保。

◆ 自主支用，期限最长 12 个月，随借随还，利息按实际使用金额及天数计算。

小微快贷的办理条件如下所示。

◆ 小微企业主

◆ 信用状况良好。

◆ 中国内地居民（不含港澳台）。

◆ 个人手机银行签约客户或个人网银盾客户。

◆ 持有建设银行个人金融资产，包括存款、理财等，或是诚信纳税企业。

小微企业主可以按照以下流程办理小微快贷。

①登录企业网银（高级版）进行授权或前往当地建设银行网点进行线下授权。

②企业主登录手机银行或个人网银进行贷款申请、审批和签约。

③在手机银行、个人网银或企业网银进行贷款支用及还款。

6.1.3 广发 E 秒贷，说贷就贷

E 秒贷是广发银行推出的互联网个人信用贷款产品，其运用了线上线下结合模式，面对所有个人客户提供线上申请实时预批、线下专业团队高效签约、线上自助出款相结合的一站式信贷服务。E 秒贷具有以下特点。

申请便捷。E 秒贷申请流程非常便捷，用户只需 3 ~ 5 分钟填写简单资料，全程无须扫描或提交任何书面证明文件，即可完成申请流程，在线即时获得预审批结果。

高效 3 秒预批。客户在线提交申请后，最快 3 秒便可获知贷款预批额度。成功完成申请后最快一个工作日内即有专人电话联系客户安排签约事宜。客户完成签约后，最快当天即可在广发银行网银、手机银行等电子渠道自行出款。

30 万元高额度。贷款额度 5000 元 ~ 30 万元不等，可满足大部分个人客户的信用类单笔贷款需求。

随用随借。用户一次申请，可享有 5 年的循环额度，随用随借，

按天计息。

对于满足以下申请条件的用户，可在线申请 E 秒贷。

- 年龄为 25 ~ 55 周岁。
- 中国大陆居民且现单位工作满半年。
- 有持续稳定的工作收入及良好的信用记录。

有借款需求的用户可在广发银行官方网站在线申请 E 秒贷，具体申请流程如下。

进入广发银行官方网站（http://www.cgbchina.com.cn/），在“个人银行”下拉列表中选择“个人贷款”选项，如图 6-6 所示。

图 6-6

在打开的页面中单击“马上申请”按钮，如图 6-7 所示。

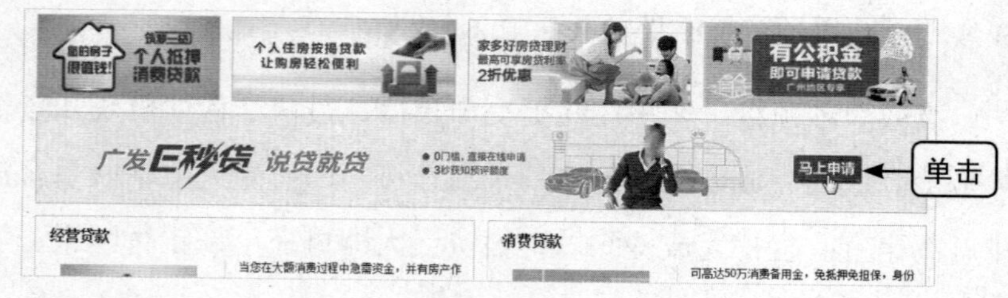

图 6-7

进入额度在线测评页面，输入姓名和证件号码，设置婚姻状况和工作单位等信息，填写信用卡卡号、CVN2、信用卡有效期、银行预留手机号码、验证码和动态验证码，选中“本人已阅读并同意……”复选框，单击”确认支付“按钮，如图 6-8 所示。

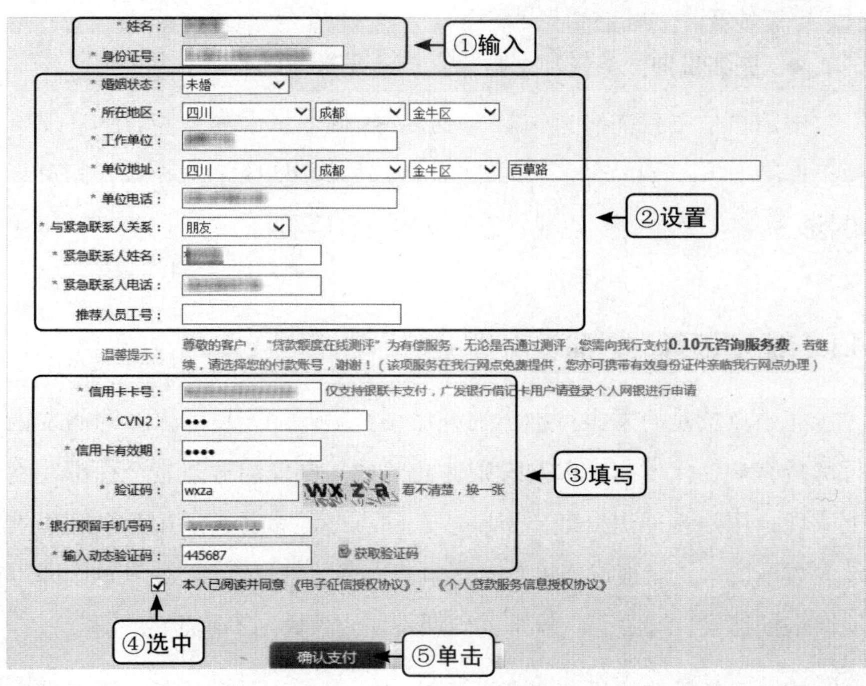

图 6-8

完成支付后，可获知预评额度，若不满足申请条件，则不能申请 E 秒贷。若满足申请条件，则到网点签约，开立账户，签约成功后即启动额度，随借随还。

针对有大额度贷款需求的用户来说，广发银行还提供了其他具有特色的贷款产品，如自信一贷。自信一贷可随时随地解决生活中的各种消费需求，如装修、购车、结婚和留学等，具有以下特点。

- **大额用款**：消费备用金，随时满足大额消费需求。
- **手续简单**：最少只需身份证 + 工作 / 收入证明即可申请，最快一天批复。

- **随用随借**：可通过网银、手机银行自助提款/还款，不提款不付息。
- **无须抵押**：免抵押免担保，利率优惠。

申请自信卡只需满足年龄为25～55周岁；中国大陆居民且现单位工作满半年；有稳定的工作收入及良好的信用记录这3个条件即可。借款人可在广发银行网点或官方网站申请自信卡。

6.1.4 浦发银行——浦银点贷

浦银点贷是浦发银行推出的纯信用贷款产品，目前仅面向浦发银行房贷客户、代发客户以及理财客户开放。办理浦银点贷全程都在网上实现，用户无须提交纸质资料或赴网点办理。通过运用互联网思维及大数据技术，浦银点贷可实时对申请人资质进行审核，5分钟内即可反馈审批结果，解决了贷款审批周期长，放款周期不确定的问题。

浦银点贷贷款的最高金额可达30万元，其申请门槛低，无抵押、免担保，同时还支持随用随借，随借随还，用户可通过浦发银行手机银行或官方网站进入在线申请页面。

不管是在浦发银行官方网站还是在手机APP中申请浦银点贷，都需要登录个人账号后再进行贷款申请，用户如果没有开通个人网上银行或手机银行，则需要开通后才能申请。

6.1.5 农业银行——消费好时贷系列贷款

消费好时贷系列贷款由多种贷款产品组成，包括网捷贷、随薪贷、个人汽车贷款和消费保捷贷等，其中网捷贷和随薪贷是基于信用的贷款产品，我们这里主要介绍这两种。

（1）网捷贷

网捷贷是农业银行以信用方式向符合特定条件的农业银行个人客户发放的，由客户自助申请、自动审批的小额消费贷款。网捷贷贷款基本要素如下所示。

- **贷款对象**：农行个人住房贷款客户、部分地区按时缴纳住房公积金的客户。
- **贷款额度**：最高 30 万元。
- **贷款期限**：一年。
- **还款方式**：贷款到期一次性还款。

网捷贷具有纯线上、全自动、免担保和随心还的优势，具体内容如下所示。

纯线上。在线申请，在线签约，随时随地满足用户的贷款需求。

全自动。自动审批，第一时间享有贷款，分分钟到账。

免担保。纯信用方式，无须抵质押担保，无须保证担保。

随心还。随时提前还款，自主把握，方便快捷。

（2）随薪贷

随薪贷是农业银行以信用方式向资信良好的个人优质客户发放的，以个人稳定的薪资收入作为还款保障的，用于满足消费需求的人民币贷款。随薪贷贷款基本要素如下所示。

- **贷款对象**：年满 18 周岁且不超过 60 周岁，具有中华人民共和国国籍，具有完全民事行为能力的自然人。
- **贷款额度**：最高 200 万元。
- **贷款期限**：最长 5 年。

◆ **还款方式**：贷款期限在一年以内（含）的，可选择会计核算系统提供的各种还本付息方式；贷款期限在一年以上的，可选择按月（季）等额本息、等额本金方式分期偿还。

随薪贷具有以下两项产品优势。

信用贷款。无须担保、无须抵押或第三方保证。个人信用即是最好的贷款通行证。

用途广泛。根据薪资收入水平和资信情况，综合确定信用额度，可用于购买自用车、房屋装修、大额消费品、旅游和教育等各项消费支出。

申请随薪贷有一定的条件限制，借款人需具备以下条件，才能办理随薪贷贷款。

①年满 18 周岁且不超过 60 周岁，具有中华人民共和国国籍，具有完全民事行为能力。

②具有合法有效身份证件及贷款行所在地户籍证明（或有效居住证明）。

③借款人及配偶符合农业银行规定的信用记录条件。

④信用评分、工作年限和税后年收入达到农业银行规定的标准。

⑤收入稳定，具备按期偿还信用的能力。

⑥贷款用途合理、明确。

⑦在农业银行开立个人结算账户。

⑧贷款行规定的其他条件。

网捷贷可登录农业银行网上银行进行在线办理，随薪贷可在农业银行官方网站提交贷款申请，下面来看看如何进行随薪贷贷款申请。

进入农业银行官方网站（http://www.abchina.com/cn/），在“个人服务”下拉列表中选择“贷款”选项。在打开的页面中单击“消费好时贷系列”选项卡，如图 6-9 所示。

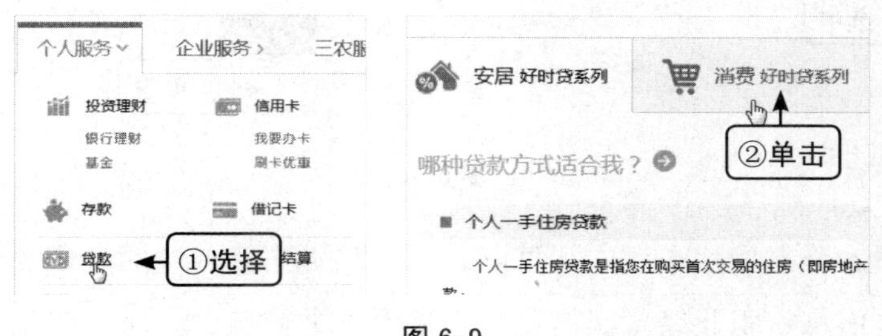

图 6-9

单击“随薪贷”栏中的“立即申请”按钮，如图 6-10 所示。

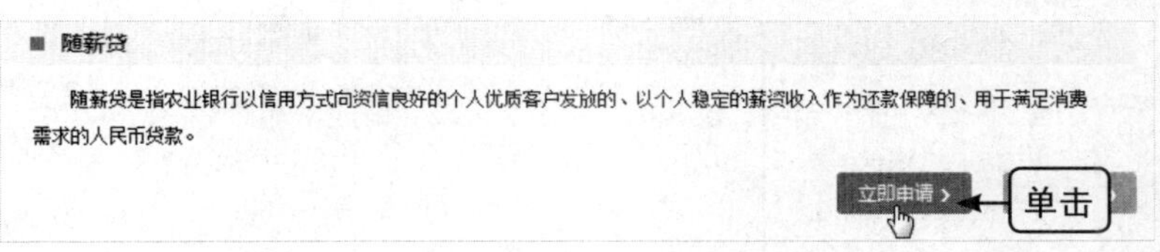

图 6-10

在打开的页面中单击“个人薪资保障贷款”选项卡，再单击“选择”按钮，如图 6-11 所示。

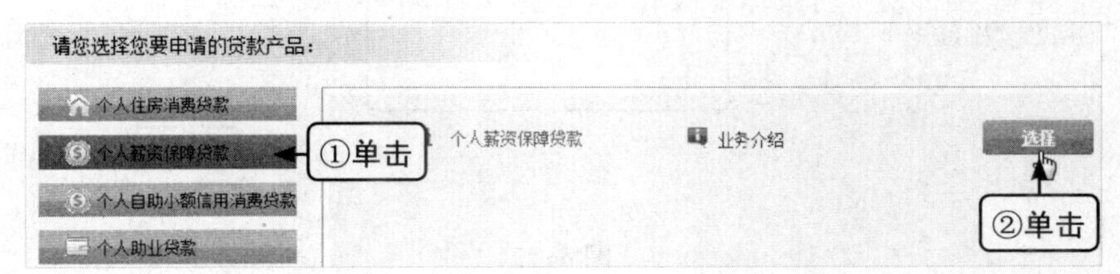

图 6-11

在受理机构栏中，选择是否有合作编号和受理分行，选中受理机构单选按钮，输入验证码，单击“下一步”按钮，如图 6-12 所示。

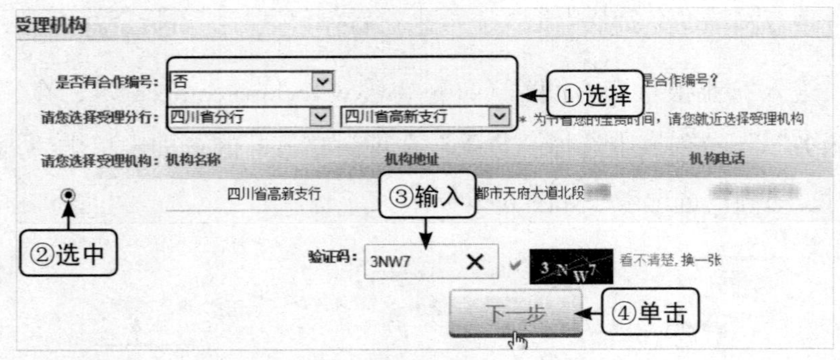

图 6-12

进入个人贷款在线申请页面，填写基本信息，包括客户类信息、贷款类信息、职业经营类信息、家庭收支类信息、担保类信息和担保类信用信息，单击“下一步”按钮，如图 6-13 所示。

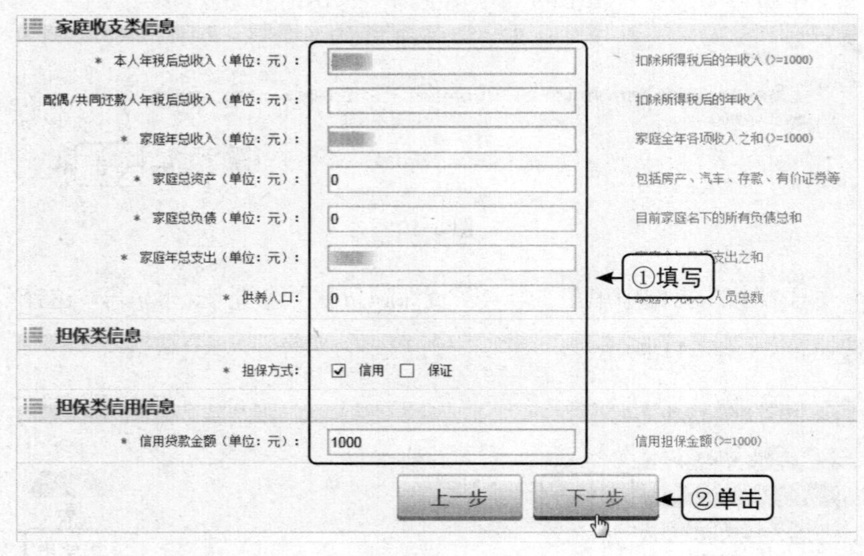

图 6-13

进入详细信息填写页面，填写文化程度、现居住详细地址、邮编和通讯地址等信息，填写完成后单击“下一步”按钮，如图 6-14 所示。

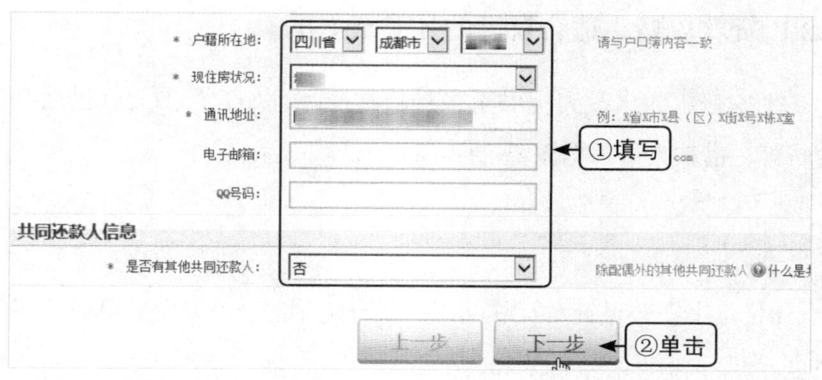

图 6-14

进入信息确认页面，输入短信验证码，单击“确认以上信息并提交”按钮，即可完成申请，如图 6-15 所示。

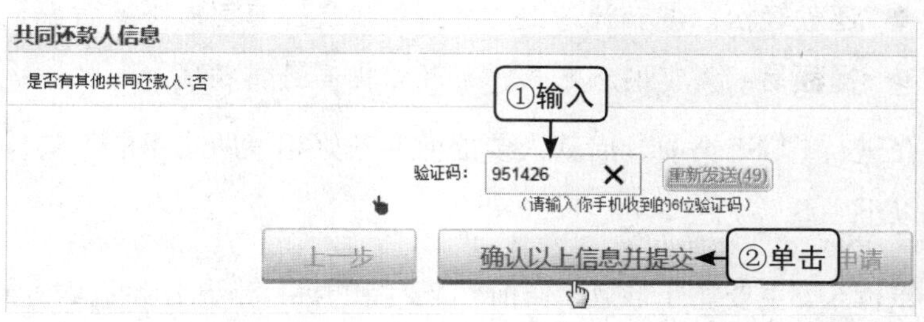

图 6-15

6.2 平安普惠，无抵押个人贷款

平安普惠是中国平安保险（集团）有限公司旗下成员，专注于服务小微型企业和个人的消费金融需求的产品。其主要业务包括无抵押贷款和有抵押贷款业务。

6.2.1 贷款攻略，适合自己的才是最好的

平安普惠为借款人提供了多种贷款产品，如 i 贷、O2O 借款和薪金贷等，借款人可根据需要选择不同的贷款产品。

（1）i 贷

i 贷是平安普惠针对互联网用户量身定制的贷款产品，其具有以下特点。

- **门槛低**：23 周岁以上用户都可申请，无须材料，不用上门就能办理。
- **速度快**：最快 3 分钟就能放款。
- **还款轻松**：按日计息，支持随借随还，可同时多笔借款。
- **提额易**：绑定网络账号，可轻松提高可借额度。

在进行 i 贷申请前，借款人要提前准备好申请所必备的工具，具体包括以下一些。

银行卡。主要用于放款，目前 i 贷支持的银行卡开户行有农业银行、中国银行、建设银行、光大银行、兴业银行、中信银行、民生银行、华夏银行、工商银行、平安银行、邮政储蓄银行、上海银行和浦发银行。

人脸识别环境。为提高人脸识别的成功率，需避开室外强光环境，并尽量保持水平正面拍摄，角度不要太高或太低。

网络账号。能正常使用的网络账号，目前支持微博、京东、淘宝和一号店的账号，绑定网络账号能快速提高额度。

Wifi 或 4G 环境。在进行贷款申请时，需要传输图片，因此最好在有 Wifi 或 4G 的环境中办理贷款。

（2）O2O 借款

O2O 借款是平安普惠提供的无抵押、无需纸质材料的贷款产品，又称氧气贷。它的可贷金额为 2 ~ 30 万元，贷款期限为 12、24 和 36 个月，申请条件如下所示。

- **国籍：**必须有中华人民共和国国籍（国内居民）。
- **年龄：**23 ~ 55 周岁。
- **月收入：**税后不低于 3000 元 / 月。
- **现居住地址居住时间：**最低 6 个月。
- **城市：**在申请地居住或工作。

（3）薪金贷

薪金贷是平安普惠为有薪金的人士提供的贷款，可贷金额为 2 ~ 15 万元，贷款期限有 12、24 和 36 个月。满足以下条件的薪金人士都可申请薪金贷。

- **年龄：**23 ~ 55 周岁。
- **收入：**税后 ≥ 3000 元 / 月。
- **居住：**现居住地 ≥ 6 个月，在申请地居住或工作。
- **申请人要求：**工资收入稳定，有良好信用记录。

申请薪金贷需要提交一定的材料，主要包括二代身份证、居住证明、工作证明和收入证明（不接受异地流水）。

6.2.2 贷款助手来帮忙

如果借款人不清楚该选择何种贷款产品，可以使用贷款助手来帮忙进行筛选。下面以平安普惠官网为例，来看看如何进行贷款筛选。

进入平安普惠官网（https://www.ph.com.cn/），单击“借款帮助”超链接。在打开的页面中单击“借款助手来帮忙”超链接，如图 6-16 所示。

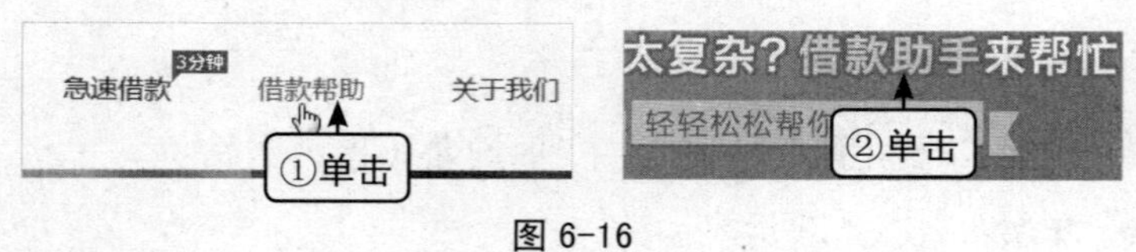

图 6-16

在打开的页面中输入姓名和手机号，选择借款金额和有无房产，选中有无私家车和寿险保单单选按钮，单击“立即申请”按钮，如图 6-17 所示。

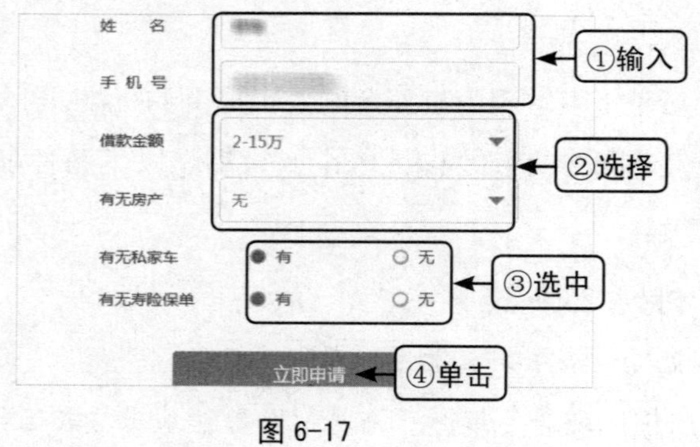

图 6-17

在打开的页面中即可查看到推荐的贷款产品，如图 6-18 所示。

图 6-18

6.2.3 手续简单的贷款申请

清楚自己适合申请哪类贷款产品后，就可以进行贷款的在线申请了。用户可在平安普惠官方网站、手机网站和 APP 中进行贷款申请，下面以 APP 和 i 贷为例，其申请流程如图 6–19 所示。

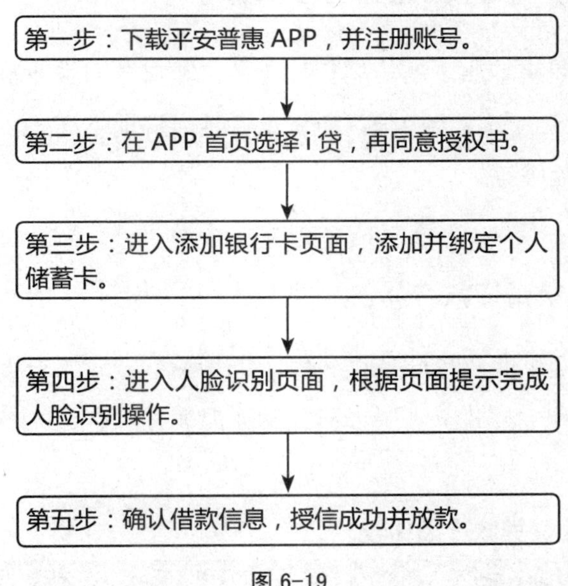

图 6–19

O2O 借款与 i 贷的申请流程有一定区别，申请 O2O 借款时需要进行远程面谈，远程面谈通过后才会放款。贷款成功后，借款人需按时还款，还款方式主要有以下两种。

- **自动还款**：每月的固定还款日，会自动从用户壹钱包 / 银行储蓄卡扣款。
- **手动还款**：可以随时通过平安普惠 APP 主动还款，平安普惠会按贷款余额和实际天数计算应还金额。

6.3

宜人贷，比你想象的更简单

宜人贷是宜信旗下的信用贷款与诚信理财咨询服务平台，其通过技术驱动金融创新，为中国优质城市白领人群提供高效、便捷、个性化的信用借款服务。

6.3.1 APP 专属贷款产品

宜人贷提供的贷款产品有多种，其中 APP 专属的有极速模式、寿险模式、公积金模式、工资卡模式和社保模式。这 5 种产品的比较如表 6-1 所示。

表 6-1 宜人贷贷款产品比较

产品	借款额度	贷款期限	放款方式	还款方式
极速模式	1 ~ 10 万元	12、24 和 36 个月	快至两个小时	等额本息
寿险模式	2 ~ 20 万元	12、24 和 36 个月	快至两个小时	等额本息
公积金模式	1 ~ 20 万元	12、24 和 36 个月	快至两个小时	等额本息
工资卡模式	1 ~ 20 万元	12、24 和 36 个月	快至两个小时	等额本息
社保模式	1 ~ 20 万元	12、24 和 36 个月	快至两个小时	等额本息

此外，这 5 种模式对申请人的要求也是不同的，具体要求如表 6-2 所示。

表 6-2 宜人贷贷款产品申请要求

产品	申请要求
极速模式	1. 年龄介于 22（不含）~ 55（含）周岁； 2. 借款人持有效信用卡，或持有中央人民银行出具的个人信用报告； 3. 有本人名下实名认证的淘宝账号； 4. 有本人名下实名认证的手机号
寿险模式	1. 年龄介于 22 ~ 55（不含）周岁； 2. 寿险保单连续缴费两年以上且年缴纳额 3000 元以上； 3. 有本人征信报告账号； 4. 有本人名下实名认证的手机号
公积金模式	1. 年龄介于 22 ~ 55（含）周岁； 2. 公积金开户一年及以上且连续缴纳 6 个月及以上； 3. 有本人征信报告账号或电商账号； 4. 有本人名下实名认证的手机号
工资卡模式	1. 年龄介于 22（含）~ 60 周岁（不含）之间； 2. 最近连续 6 个月工资流水（银行代发工资）； 3. 有本人征信报告账号或电商账号； 4. 有本人名下实名认证的手机号
社保模式	1. 年龄介于 22 ~ 55 周岁（含）之间； 2. 社保开户一年及以上且连续缴纳 6 个月及以上； 3. 本人征信报告； 4. 本人实名制手机号

上述 5 种贷款产品，针对的对象是不同的，具体内容如下所示。

极速模式。针对的主要是信用记录较好的人群，这类人群可凭有效信用卡，再通过补充个人信用报告、实名认证的淘宝账号和手机号获得借款资格。

寿险模式。针对的是持有寿险保单的人群，这类人群可凭本人投保的寿险保单，获得借款资格。

公积金模式。针对的是优质城市白领人群，这类人群可凭本人公积金账号，在线同步公积金信息，获得借款资质。

工资卡模式：针对的是优质城市白领人群，这类人群可凭网银工资卡预估借款额度，再通过补充信用报告与实名认证的手机号码，获得借款资格。

社保模式。主要针对的是优质城市白领人群，这类人群可通过在线同步社保信息、身份信息、运营商、征信报告或电商信息，获得借款资格。

在上述几种借款模式中，社保模式、公积金模式和工资卡模式都属于精英模式，只是适用人群和申请要求有所不同。

需要强调的是，不同的模式其支持的地区有所不同，具体如表 6-3 所示。

表 6-3　宜人贷贷款产品支持地区

产品	支持地区或城市
极速模式	已覆盖全国各省市（暂不支持西藏、港澳台地区）
寿险模式	已覆盖全国各省市（暂不支持西藏、港澳台地区）
公积金模式	安阳、巴中、北京、常德、成都、滁州、大连、大庆、东莞、佛山、广州、邯郸、杭州、合肥、黑河、湖南省直、湖州、江西省直、昆明、乐山、连云港、六安、娄底、眉山、南昌、南充、南京、南通、宁波、盘锦、秦皇岛、曲靖、三明、上海、上饶、深圳、石家庄、双鸭山、宿迁、泰安、唐山、无锡、西安、邢台、延安、盐城、扬州、烟台、玉溪
工资卡模式	已覆盖全国各省市（暂不支持西藏、甘肃、港澳台地区）
社保模式	北京、上海、广州、深圳、厦门、重庆、青岛、东莞、苏州、成都、福州、宁波、南宁、天津、惠州、佛山、泉州、扬州、烟台、石家庄、中山、昆明、珠海、汕头、哈尔滨、南通，其他城市会陆续开通，具体以 APP 显示为准

6.3.2 宜人贷借款注意事项

用户在申请前面介绍的几种贷款产品时要注意，不同的产品还有一些特殊的要求和注意事项，具体内容如下。

（1）极速模式

极速模式会通过获取借款人的信用卡账单来预估借款额度，目前极速模式网银账单验证支持的银行有：浦发银行、中信银行、民生银行、华夏银行、平安银行、招商银行、交通银行、兴业银行、光大银行、中国银行、农业银行、建设银行和重庆银行。若借款人的信用卡不在以上银行列表中，可以选择其他预估方式，如征信报告验证，借款人可以选择适合自己的方式进行额度预估，具体结果以系统验证评估为准。

在进行额度预估时若提示“额度预估未通过”，那么可能与信用卡账单的信用评估有关，借款人可通过保持良好的信用记录后，再进行申请。

知识加油站

额度预估成功结果将保留 15 天，15 天后需要重新预估额度。因此额度预估成功后，借款人要尽快确认额度并进行借款申请。

申请极速模式借款还需要提供淘宝账号，因此借款人要确保淘宝账号预留的手机号码能够接收短信验证码，淘宝账号能够正常使用，否则可能会导致借款申请失败。

如果提交的借款申请未被通过，那么可能是由以下一个或多个原因造成的。

- ◆ 年龄不符合要求。
- ◆ 信用卡、淘宝、运营商的使用情况不符合借款需求。
- ◆ 系统综合信用评分不足。

（2）寿险模式

目前，寿险模式支持的保单类型为本人投保的人身险、意外险、家庭险和医疗险等，支持的保险公司有中国人民保险、中国人寿保险、平安保险、泰康保险、新华保险、中国太平洋保险、阳光保险、中国太平保险和友邦保险等。

此外寿险保单需满足连续缴费两年以上且年缴纳金额在 3000 元以下的条件，否则会提示保单不符合要求。

宜人贷寿险模式目前提供的是在线同步保单服务，需要用户登录本人投保的保险公司，在线注册并将名下保单绑定到本人的电子账户上，具体可根据以下步骤进行操作。

第一步，登录本人投保的寿险所在的保险公司官网，若没有注册过，需按照官网上的提示进行注册。

第二步，在“添加寿险保单”处，输入本人的寿险保单账号，绑定本人的寿险保单。

如果系统提示保单解析失败，可以更换一家保险公司重新进行额度预估。在进行银行卡信息验证时，若提示验证失败，可能是由以下原因造成的。

- ◆ 填写的资金到账银行卡非本人所有。
- ◆ 银行卡号、姓名、身份证号三者没有一一对应，任何一个不正确，都会导致银行卡信息验证失败。

（3）公积金模式

公积金模式要求公积金开户一年及以上且公积金连续缴纳6个月，若公积金不符合要求则不能通过额度预估。

（4）工资卡模式

工资卡模式要求工资为银行代发，目前支持的工资卡银行有建设银行、工商银行、交通银行、招商银行、农业银行、民生银行、中信银行、平安银行、光大银行、广发银行、邮政储蓄银行、兴业银行、中国银行、浦发银行、北京银行和华夏银行，若借款人的工资卡不属于上述银行也不能申请。

工资卡模式会通过工资流水来预估借款额度，如果提示预估失败，那么可能是由以下原因造成的。

◆ 在现单位的在职时间不足 6 个月。

◆ 打卡工资不稳定或是以现金发放的形式。

◆ 打卡月工资不足 2000 元。

◆ 工资卡不符合精英模式支持的银行。

（5）社保模式

社保模式会要求进行社保信息验证，社保信息验证的申请流程如下所示。

额度预估。通过本人社保账号获取授信额度。

资格验证。实名手机号验证、征信报告、身份信息验证

提交审批。平台进行借款人信息的审核。

另外，还需要注意一点，在申请上述贷款产品时，绑定的收款银

行卡必须为本人持有的能够正常使用的储蓄卡，且卡为Ⅰ类银行账户，没有被冻结。

根据 2016 年 12 月 1 日中央人民银行颁布的银行卡新规，个人银行账户实行分类管理，分为Ⅰ类、Ⅱ类、Ⅲ类账户。Ⅰ类账户，是属于全功能的银行结算账户，安全等级最高，可以存取现金、理财、转账、缴费、支付等，并且不限制额度，必须是个人在银行柜面开立、现场核验身份。

新规施行后同一个人在同一家银行业金融机构只能开立一个Ⅰ类银行账户，新规施行前如在同一家银行业金融机构持有多张储蓄类卡，仍保持为Ⅰ类银行账户。Ⅱ类、Ⅲ类账户的额度较小并且功能有限，因此为了能顺利完成借款，借款人需在宜人贷平台使用Ⅰ类银行卡完成提现、还款等操作。

知识加油站

在宜人贷申请借款时，会要求借款人提交个人征信报告，借款人可通过中国人民征信中心查询征信报告。个人征信报告是人民银行征信中心出具的记载了个人信用信息的报告，主要包括个人基本信息、信贷信息（是否有银行贷款、是否有逾期、信用卡透支记录等）和非银行信息等。只要个人在银行办理过信用卡、贷款、为他人贷款担保等信贷业务，在银行登记过的基本信息和账户信息就会通过商业银行数据报送录入征信系统，形成个人征信报告。

6.3.3 算一算借多少，还多少

在借款前如果借款人想要知道借多少，每月需要还多少，可以使用宜人贷提供的费率计算器进行初步核算，具体操作如下。

进入宜人贷借款页面（https://www.yirendai.com/borrowguide），扫描二维码下载并安装“宜人贷借款”APP。打开“宜人贷借款”APP，在首页点击“费率计算”按钮，在打开的页面中输入借款金额，选择贷款期限，点击“计算一下”按钮，如图 6-20 所示。

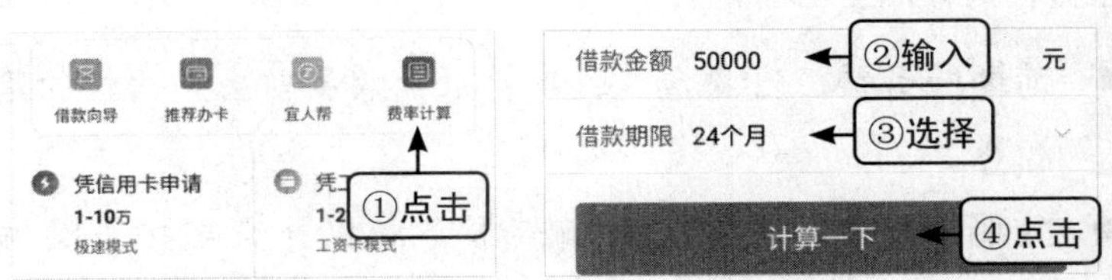

图 6-20

在页面下方可以查看到月费率，每月应还和总共应还等数据的结果区间范围。如图 6-21 所示。

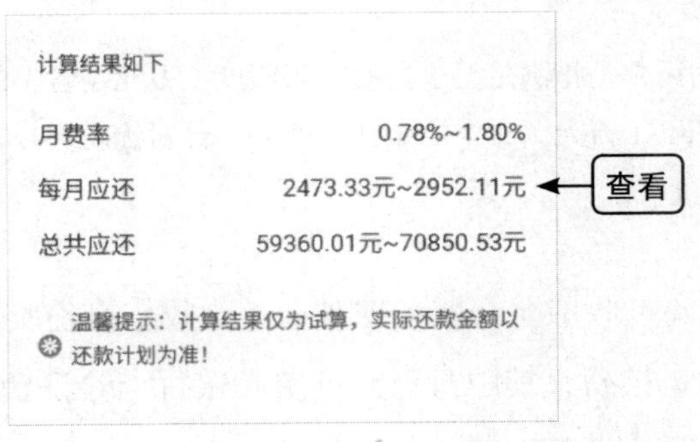

图 6-21

为什么计算结果是区间范围呢？这是因为信用等级存在差别。宜人贷平台会通过借款人提交的申请资料对借款人的信用状况进行信用等级评估，不同信用等级的用户采用不同的费率标准，实际费率以信用审核为准。

6.3.4 个人借款收取哪些费用

在宜人贷申请借款，精英模式和极速模式都会收取平台服务费，平台服务费即平台向借款人收取的总服务费用，包含前期服务费和分期服务费，具体内容如下。

- **前期服务费**：借款人通过审核后，放款前会一次性扣除的服务费。
- **分期服务费**：借款人除前期服务费以外需要按月缴纳的服务费。

而对于精英模式来说，信用资质良好的用户可免收分期服务费。

知识加油站

信用资质良好的用户是指满足至少持有一张额度 7 万元（含）的信用卡，且税后打卡工资不低于 1 万元（含）的条件。此外，针对优质用户，宜人贷平台还会进行回馈和奖励。

精英模式除要收取平台服务费外，还会收取身份验证费、银行卡验证费和借款审核费，其中身份验证费和银行卡验证费为 5 元 / 次，借款审核费为 15 元 / 次。

6.3.5 如何获取征信报告

在宜人贷申请借款，大部分产品都需要提供个人征信报告，那么借款人要如何获得自己的征信报告呢？借款人可在中国人民银行征信中心获取征信报告，具体获取流程如下所示。

进入中国人民银行征信中心(http://www.pbccrc.org.cn/)，单击“互

联网个人信用信息服务平台”超链接。在打开的页面中单击“马上开始”按钮，如图 6-22 所示。

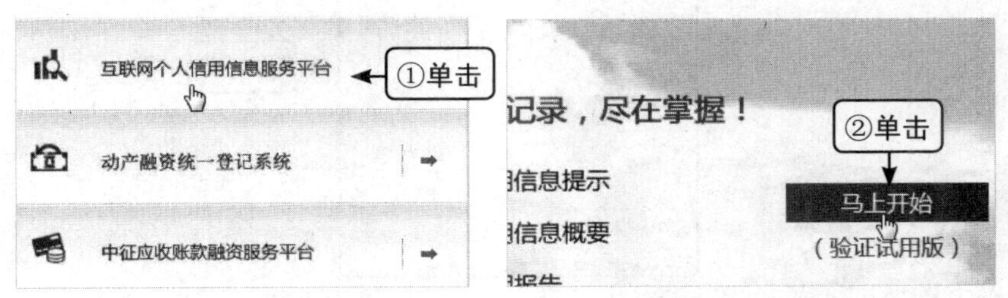

图 6-22

在打开的页面中单击“新用户注册”按钮，进入注册页面，输入姓名，选择证件类型，输入证件号码和验证码，选中“我已阅读并同意《服务协议》”复选框，单击“下一步”按钮，如图 6-23 所示。

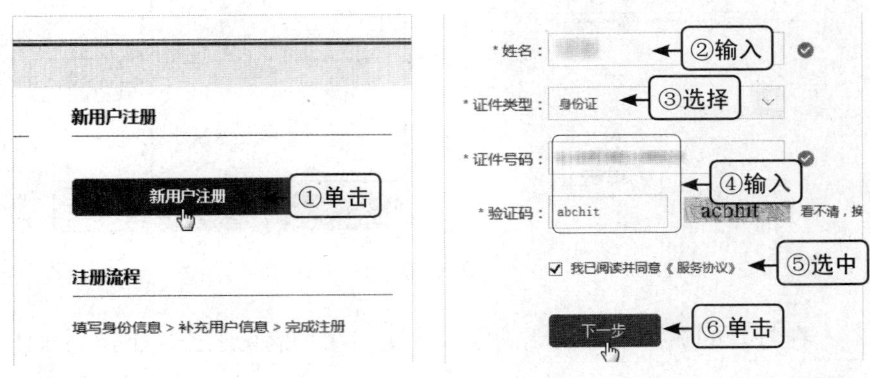

图 6-23

进入补充用户信息页面，填写登录名、密码、电子邮箱、手机号码和动态验证码，单击“提交”按钮，如图 6-24 所示。

完成注册后，单击“立即登录”超链接，在打开的页面中输入登录名、密码和验证码，单击“登录”按钮，如图 6-25 所示。

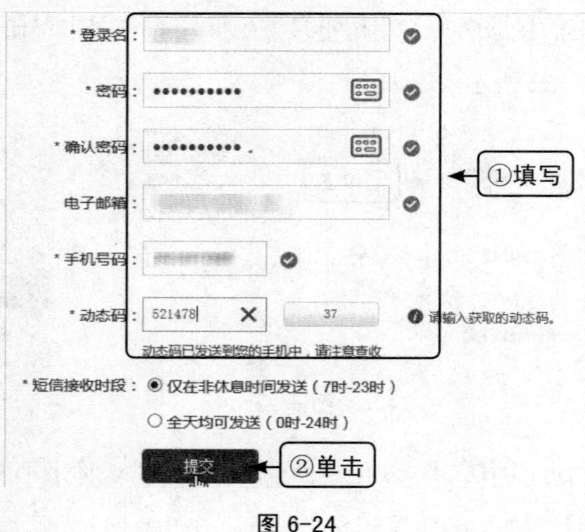

图 6-24

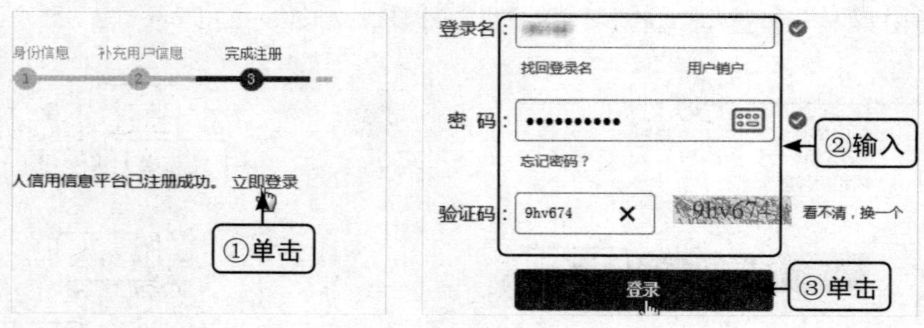

图 6-25

在打开的页面中单击“确定”按钮，在“信息服务”下拉列表中选择“申请信用信息”选项，如图 6-26 所示。

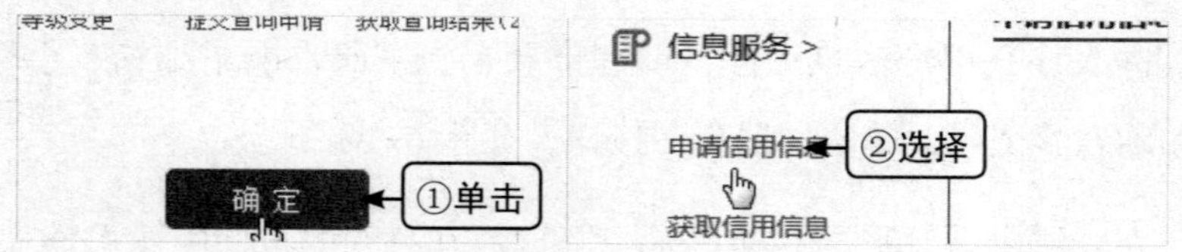

图 6-26

在打开的页面中选择验证方式，这里选中“问题验证”单选按钮，再选中“个人信用报告”复选框，单击“下一步”按钮。进入问题验证页面，根据个人情况选中答案单选按钮，单击“下一步”按钮，如图 6–27 所示。

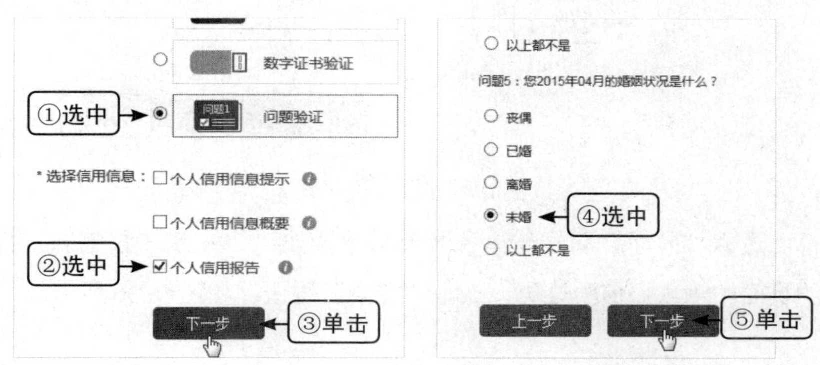

图 6–27

信用信息查询请求提交后，可在 24 小时后访问征信中心获取结果，如图 6–28 所示为查询结果的部分内容。

	信用卡	购房贷款	其他贷款
账户数	3	0	0
未结清/未销户账户数	3	0	0
发生过逾期的账户数	0	0	0
发生过90天以上逾期的账户数	0	0	0
为他人担保笔数	0	0	0

图 6–28

为保障信息安全，申请的信用信息将于 7 日后自动清理，因此申请人要及时获取查询结果。

6.3.6 在宜人贷申请借款

在宜人贷借款 APP 中申请借款的操作比较简单，首先要进行额度预估，下面以极速模式为例来看看如何进行借款额度预估和借款申请。

进入宜人贷借款 APP 首页，选择“极速模式”选项，在打开的页面中点击“立即申请”按钮，如图 6-29 所示。

图 6-29

进入“登录”页面输入手机号码，点击“下一步”按钮。在打开的页面中输入短信验证码，点击“登录”按钮，如图 6-30 所示。

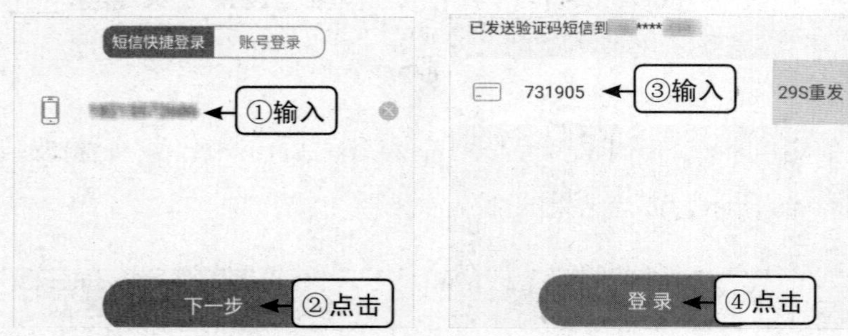

图 6-30

进入设置密码页面，输入密码，点击“设置”按钮。在打开的页面中绘制解锁图案，如图 6-31 所示。

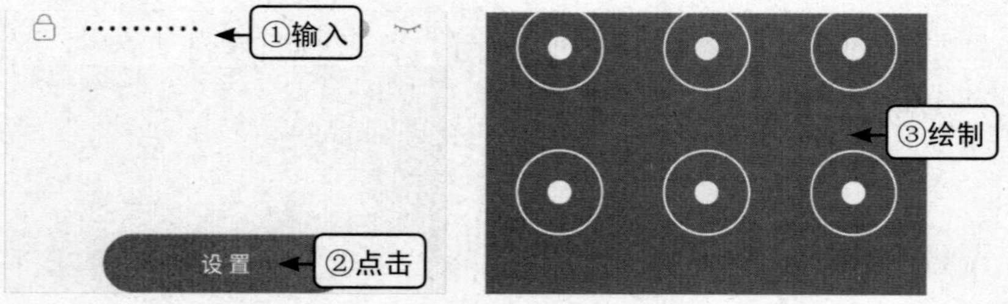

图 6-31

在打开的页面中再次绘制相同的解锁图案，在返回的页面中点击“立即申请”按钮。在新页面中选择额度预估方式，这里选择“网银账单验证”选项，如图 6-32 所示。

图 6-32

进入发卡银行选择页面，选择发卡银行，这里选择“交通银行”选项。在打开的页面中输入信用卡卡号和查询密码（若未设置密码，可任意输入 6 位数字），点击“确认”按钮，如图 6-33 所示。

图 6-33

完成上述步骤后，会要求填写接收信用卡账单的邮箱账号密码。资料提交完成后，系统会自动进行额度预估。如果有借款额度，此时借款人便可以申请借款了。

知识加油站

在宜人贷借款 APP 中申请借款后，工作人员会在两个工作日内进行审核，审核结果将以邮件的形式通知。借款人可通过邮件查看审核情况，也可以登录 APP 点击“借款进度”按钮查询审核结果。在正常情况下，如果审核通过，系统会在 3 个工作日之内进行放款。

6.4

摩尔龙，3分钟极速放款

摩尔龙（原“易贷网金融”）是致力于用先进的互联网技术和金融创新应用为个人和小微企业提供更加安全、高效且低成本的金融服务的互联网金融平台。

6.4.1 多种极速贷款产品

摩尔龙平台提供的贷款产品主要分为两类，一类是极速贷，另一类为传统贷。极速贷为纯线上操作的贷款产品，足不出户即可实现低贷款到账。传统贷产品是专业顾问提供线下定制化服务。我们这里主要介绍极速贷贷款产品，其主要包括以下几种。

（1）摩尔龙－凤金普惠

摩尔龙－凤金普惠的月利率为0.69%～0.78%，贷款期限为1～12个月，其申请条件如下所示。（摩尔龙平台上提供的贷款产品会因时间不同而有所变动）

- ◆ 持中国居民身份证的具有完全民事行为能力的自然人。
- ◆ 年龄22～55周岁。
- ◆ 现单位工作时间≥12个月，月代发薪≥3500元或公积金/社保基数≥2000元。
- ◆ 需授权工资卡网银账户或公积金/社保账户。
- ◆ 需授权手机号运营商。

申请摩尔龙－凤金普惠需要提交的申请资料有：身份证、银行卡，网银账户授权、公积金 / 社保授权、手机号运营商授权。

（2）摩尔龙－微贷款

摩尔龙－微贷款的月利率为 0.9 ~ 2.94%，贷款期限为 3 ~ 12 个月，申请摩尔龙－微贷款需满足以下条件。

- 中国大陆人士（港、澳、台、武警及军人等人士除外）。
- 年龄介于 20 ~ 60 周岁之间（包括 20 和 60 周岁）。
- 拥有稳定工作及收入。
- 无不良征信记录。

申请摩尔龙－微贷款所需提交的资料包括身份证、银行卡、基本信息和影像资料。

摩尔龙－微贷款会涉及 3 类费用，包括贷款费用、逾期费用和提前还款违约金。贷款费用按实际贷款天数收取。逾期费用只有在未按时还款时才会收取，根据贷款金额的不同，逾期费用也会不同。逾期费用按日收取，具体收取规则如表 6-6 所示。

表 6-6 摩尔龙－微贷款逾期费用收取标准

本金金额	逾期费用 / 日
0 ~ 5000 元（含）	5 元
5000 ~ 10000 元（含）	10 元
10000 ~ 15000 元（含）	15 元
15000 ~ 20000 元（含）	20 元

逾期后，应还金额为：贷款金额 + 利息（贷款金额 × 利率 × 贷款天数）+ 逾期费用。摩尔龙－微贷款支持随借随还，若要提前还款，

则需一次性还清。提前还款金额包括剩余本金、当期利息及提前还款违约金，提前还款违约金按动用金额 2% 收取。

（3）摩尔龙 – 极速公积金贷

摩尔龙 – 极速公积金贷的月利率为 0.98% ~ 2.68%，贷款期限为 6 ~ 36 个月，申请条件如下所示。

◆ 年龄 18 ~ 55 周岁（含）。
◆ 持中国居民身份证的具有完全民事行为能力的自然人。
◆ 信用良好，无不良嗜好。

申请摩尔龙 – 极速公积金贷只需提交身份证和授权信息即可。摩尔龙 – 极速公积金贷月利率的具体费率是根据信用等级来收取的，具体如表 6–7 所示。

表 6–7　摩尔龙 – 极速公积金贷的利率收取标准

信用等级	月综合费率
AAA	0.98%
AA	1.58%
A	2.08%
B	2.68%

除贷款费率外，极速公积金贷还会收取一次性手续费，一次性手续费为借款金额的 5%。极速公积金贷支持提前还款，但提前还款需要支付提前还款违约金，收取标准如表 6–8 所示。

表 6–8　极速公积金贷提前还款违约金收取标准

提前还款期数	收取标准
0 ~ 3 期	剩余本金 ×3%

续表

提前还款期数	收取标准
4 ～ 6 期	剩余本金 ×2%
7 期以上	剩余本金 ×1%

若借款人未按期还款，那么会根据贷款金额的不同，按日收取逾期费用，金额为：逾期本金 ×0.5%× 逾期天数。

（4）摩尔龙 – 马上消费

摩尔龙 – 马上消费的月利率为 1.45%，期限为 6 ～ 12 个月，申请条件如下所示。

- 持中国居民身份证的具有完全民事行为能力的自然人。
- 信用良好，无不良嗜好。

借款人申请摩尔龙 – 马上消费只需提供身份证、银行卡和基本信息即可。

（5）摩尔龙 – 宜人贷

摩尔龙 – 宜人贷的月利率为 0.78% ～ 1.89%，期限为 12 ～ 36 个月，申请条件如下所示。

- 借款人持有固定额度的个人信用卡（非对公），并通过固定电子邮件地址来接受信用卡账单或本人信用卡有开通网银功能。
- 22 ～ 55（不含）周岁，中国公民（不含港澳台）。
- 有淘宝账号。
- 手机实名制且使用 3 个月及以上。
- 本人持有有效二代身份证。

◆ 目前摩尔龙－宜人贷支持除西藏、港澳台地区以外的各省市。

申请摩尔龙－宜人贷所需提交的资料如下所示。

◆ 提供单张信用卡连续 4 个月的账单。

◆ 实名手机认证。

◆ 淘宝账号信息。

◆ 本人有效二代身份证。

6.4.2 贷款评估，看看能贷多少

在进行贷款申请前，用户可进行贷款评估，看看自己能够贷多少，具体操作如下。

在摩尔龙官网首页（http://www.moerlong.com/）选择所在城市，选择后在打开的页面中单击“立即贷款评估”超链接，如图 6-34 所示。

图 6-34

在打开的页面中选择每月打入银行卡工资，单击“下一步”按钮，在打开的页面中选择职业身份，单击“下一步”按钮，如图 6-35 所示。

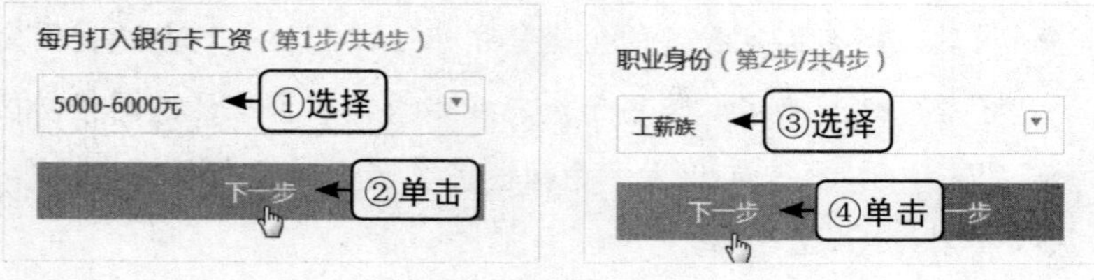

图 6-35

在打开的页面中选择房产类型，单击“下一步”按钮。选择是否有车，

单击“下一步”按钮，如图 6–36 所示。

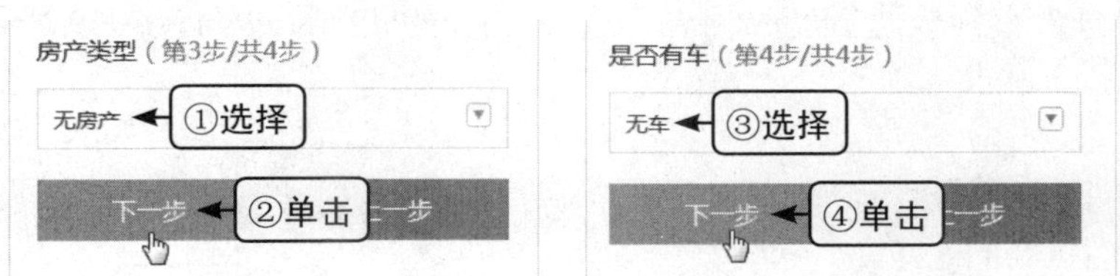

图 6–36

最后，在打开的页面中输入手机号、图形验证码和短信验证码，单击“提交”按钮，系统会将评估结果发送至用户的手机中，如图 6–37 所示。

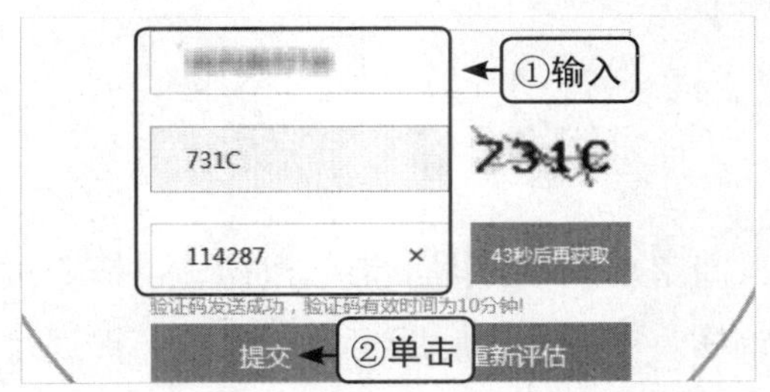

图 6–37

6.4.3 如何申请极速贷

前面介绍的极速贷产品都可以在摩尔龙贷款 APP 中申请，在摩尔龙官网首页，单击“手机易贷网”超链接，即可查看到 APP 下载二维码，用手机扫描二维码，如图 6–38 所示。

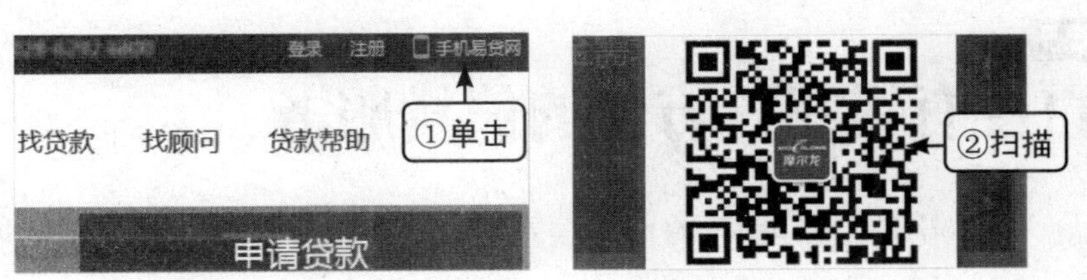

图 6–38

下载并安装摩尔龙贷款 APP 后，点击“贷款”按钮，在打开的页面中可查看到极速贷产品列表，选择要借款的产品，如图 6-39 所示。

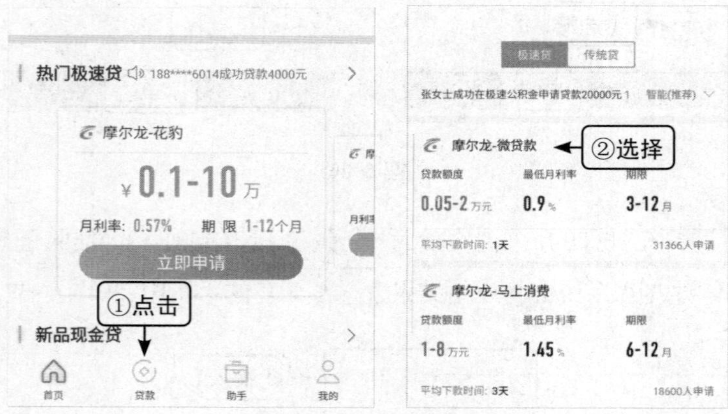

图 6-39

在打开的页面中点击“立即申请”按钮，再按照页面提示完善个人资料并提交审核。审核通过后即可申请提现，提现时可选择提现额度和贷款期限等。

提现后，会涉及还款问题，摩尔龙贷款产品支持的还款方式有两种，一种是到期自动还款，另一种是手动提前还款，到期自动还款只需保证绑定的银行卡里有足够的余额即可。

6.5 百度有钱花，方便的信贷服务

有钱花是由百度及合作机构提供的，满足用户资金需求的贷款服务平台。为提供更好的服务，百度联合了银行、小额贷款公司、消费金融公司等持牌金融机构为用户提供服务，因此申请有钱花贷款，其

实际出借人可能为一家或多家金融机构，具体以借款成功后显示的信息为准。

6.5.1 “有钱花”，让你有钱花

百度有钱花以互联网科技为引擎，能够为用户提供方便的纯线上信贷服务，具有以下特色。

- ◆ 线上申请，无需抵押，申请材料简单，最快 30 秒审批，最快 3 分钟放款。
- ◆ 还款便捷，支持随借随还，按实际借款天数计息。
- ◆ 可提前还款，还款后恢复额度可循环借款。

有钱花的申请条件很简单，年龄在 18 ~ 55 周岁之间的用户都可以申请，申请过程中需要提供借款人的二代身份证和本人借记卡。在填写申请信息需要注意以下事项。

①申请只支持借记卡。

②由于部分网络问题验证码会发送较慢，请不要频繁点击“发送验证码”按钮，在获得验证码后需在 30 分钟内完成申请。

③本人身份信息需为二代身份证信息，不能使用临时身份证、过期身份证或一代身份证进行申请。

④填写的紧急联系人需是真实姓名，以保证顺利通过审核。

根据监管要求，在申请有钱花时，会需要查询用户征信情况，因此在申请时需要同意授权查询征信才可操作下一步。

在有钱花申请借款，其借款额度是由系统按照多维度评估标准，进行综合评估后自动给出的。申请获得有钱花额度后，需要在 30 天内

进行首次借款，首次借款成功后，常规情况下额度会长期有效。

借款人如果经常发生逾期或者有其他信用不良的情况发生，有钱花平台可能会取消或降低借款额度，因此要注意保持良好的信用记录。根据用户的情况，系统会自动进行打分，并对符合条件的用户展示提升额度入口，若有“提升额度”按钮可尝试申请提升借款额度。

如果有额度但借款失败，那么可能是本次申请暂时没有达到百度有钱花的审核标准，可通过后续保持良好的个人信用记录、还款习惯后再申请。

在有钱花申请借款，其收费项包括利息、借款服务费（如有），逾期则会收取罚息，具体收费标准以借款页面显示的为准。

6.5.2 如何申请有钱花借款

申请有钱花借款需要在百度有钱花 APP 中进行，下面来看看如何提出借款申请。

打开百度有钱花 APP，点击“立即登录”按钮，在打开的页面中点击“账号名密码登录”超链接，如图 6-40 所示。

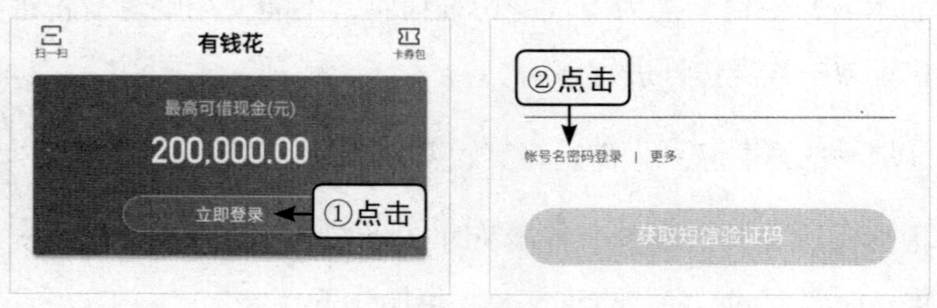

图 6-40

在打开的页面中输入用户名/手机号/邮箱、登录密码，点击“登录”按钮。登录成功后在打开的页面中点击“立即申请”按钮，如图 6-41 所示。

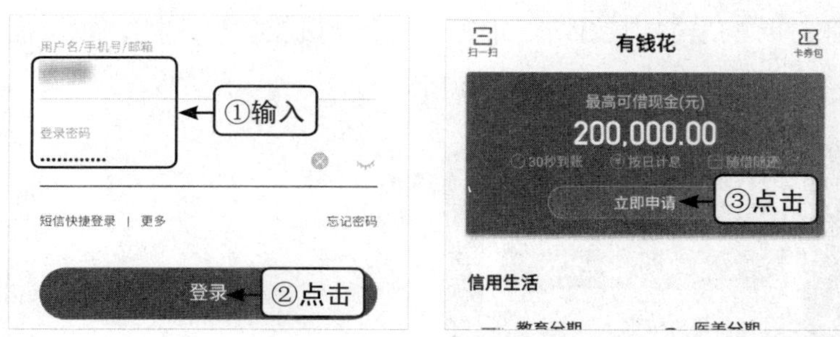

图 6-41

在打开的页面中点击“查看我的额度”按钮，进入实名认证页面，输入姓名、身份证号码、银行卡号和银行预留手机号，点击“开始验证”按钮，如图 6-42 所示。

图 6-42

在打开的对话框中输入短信验证码，点击“提交”按钮。进入支付密码设置页面，输入 6 位数字，如图 6-43 所示。

图 6-43

在打开的页面中按照页面提示开启手机的定位功能，稍后需要等待系统完成身份验证，如图 6-44 所示。

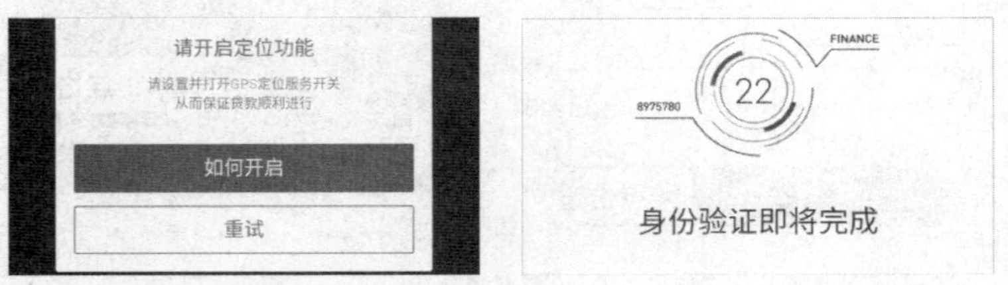

图 6-44

在打开的页面中填写职业及收入信息，然后点击“下一步”按钮，如图 6-45 所示。

图 6-45

进入协议阅读页面，点击“我已阅读并同意本协议”按钮，此时系统会自动进行额度审批，用户需等待审批完成并获得额度后才能申请借款，如图 6-46 所示。

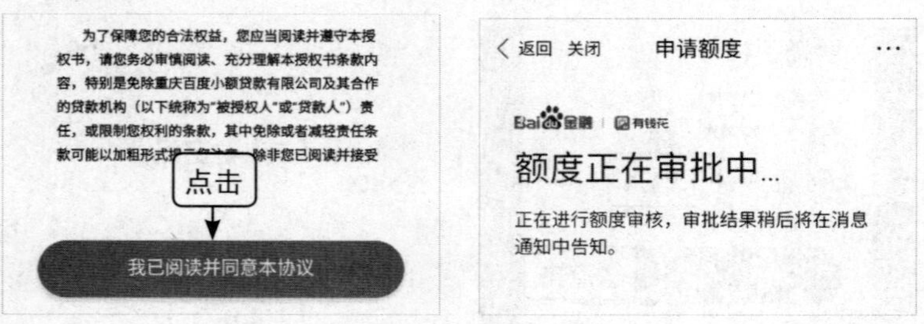

图 6-46

获得额度后，会有短信通知。此时用户可进入百度有钱花 APP 点击“立即借款”按钮，在打开的页面点击“我要借款”按钮，根据页面提示完成借款操作，如图 6-47 所示。

图 6-47

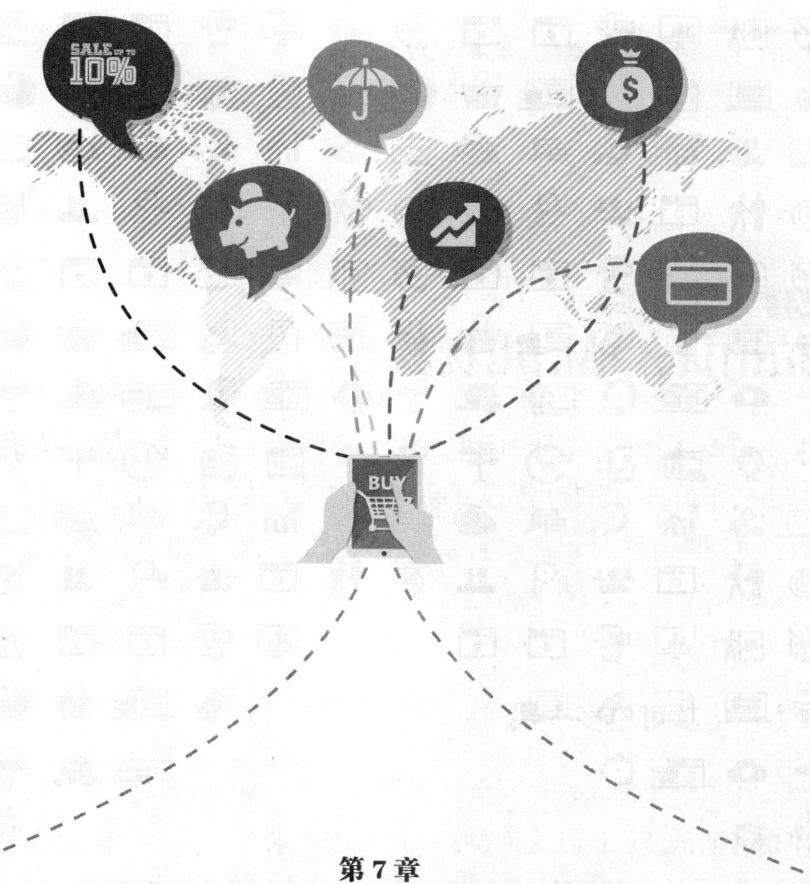

第 7 章

更快捷的手机贷款申请渠道

在手机中贷款具有申请简便、放款快速的特点，对于急需资金的用户来说，手机贷款是比较高效的移动贷款平台。目前，各大手机贷款平台也日益规范和透明化，使借款人能更放心地借贷。

7.1 拍拍贷，纯信用贷款

拍拍贷全称为上海拍拍贷金融信息服务有限公司，是一家网络信息借贷平台。拍拍贷用先进的理念和创新的技术建立了一个安全、高效且透明的互联网金融平台，规范个人借贷行为，让借出者能安心出借，让借入者能快速获得所需资金。

7.1.1 借款可借多少钱

在拍拍贷借款，首次借款金额为 500 ~ 50000 元之间，对于首次申请普通借款的借款人来说，年龄范围要求在 19 ~ 55 周岁之间。若借款人再次申请借款，那么要求年龄范围在 21 ~ 55 周岁之间。

一般工薪族、私营业主以及网购达人都可以在拍拍贷上借款，申请借款时需要准备以下资料。

- ◆ 身份证明。
- ◆ 收入证明文件（一般工薪）。
- ◆ 营业执照（私营业主）。
- ◆ 支付宝年度对账单（网购达人）等。

借款人申请借款可在“拍拍贷借款”APP 中进行，进入拍拍贷（http://www.ppdai.com/）首页，单击“APP”超链接，在打开的页面中扫描二维码下载并安装“拍拍贷借款”APP，如图 7-1 所示。

图 7-1

打开“拍拍贷借款”APP 后，点击“立即借款”按钮，在打开的页面中输入手机号码，点击“下一步”按钮，如图 7-2 所示。

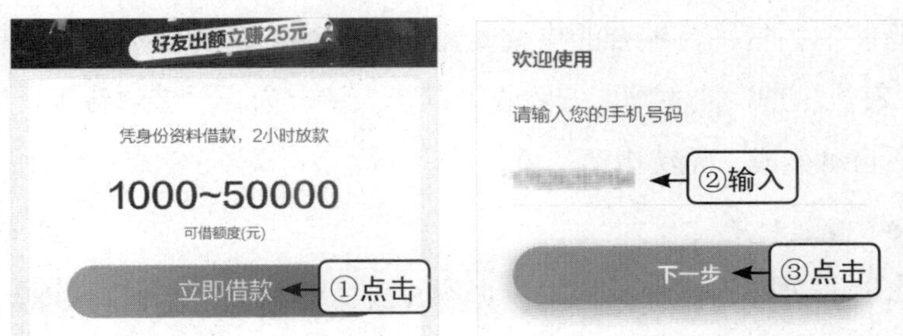

图 7-2

在打开的页面中输入短信验证码，点击“完成注册”按钮，成功注册后，点击“立即借款”按钮，如图 7-3 所示。

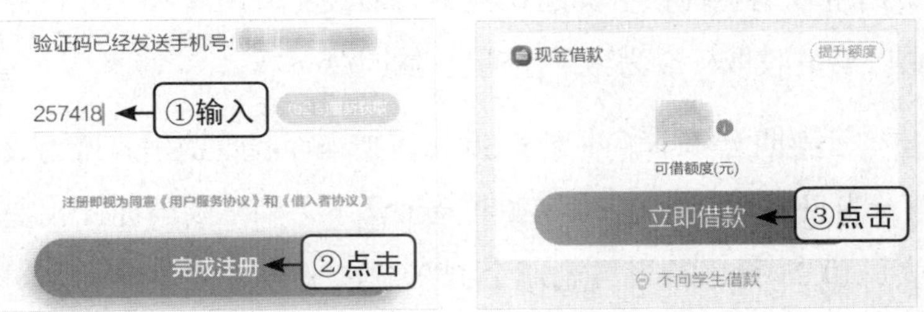

图 7-3

完成以上步骤后，再按照页面提示进行实名认证、肖像认证等信息完善，提交后资料信息后需要等待额度评估，获得额度后，绑定银行并发布借款，等待审核即可。待审核通过后会有投资人进行投标，资金经过筹集后即可到达绑定的银行卡中。

7.1.2 借款会产生哪些费用

在拍拍贷借款，可能会产生的费用有综合息费、逾期利息和催收费用。

◆ 综合息费

当前拍拍贷平台撮合的借款，借款人的综合息费成本年化不超过36%。每位用户资质不同，实际收取以个人情况为准。借款费用在借款成功后自动生成，无法申请减免。

◆ 逾期利息

只有在借款人逾期还款时，才会收取逾期利息，逾期利息按年化利率 24% 收取逾期利息。

◆ 催收费用

借款人若逾期还款，不仅要被收取逾期利息，还要支付催收费用。催收费用主要用于拍拍贷奖励积极参与催收的借出者或者补贴催收成本，催收费的收取标准为当日逾期金额的 0.1667%。

若当日逾期金额小于或等于 50 元，则当期催收费用最低为人民币 0 元；若当日逾期金额在 50 ~ 500 元（含）之间，则当期催收费用最低为人民币 25 元；若当日逾期金额在 500 ~ 1000 元（含）之间，则当期催收费用最低为人民币 35 元；若当日逾期金额 >1000 元，则当期催收费用最低为人民币 45 元。

7.1.3 如何提高借款成功率

在发布借款后，一般会在下一个工作日分配相关工作人员开始审核，如果综合评估未通过，那么会导致借款审核不通过。借款人要提高借款成功率，有以下 4 种方法。

- ◆ 多完成各种认证，包括身份、学历和户口等。
- ◆ 审核过程中，必要资料尽量上传完整，补充的资料根据情况选择上传。
- ◆ 首次借款成功后，准时还款，这对再次借款的借款额度、借款成功率有直接的影响。
- ◆ 关联各种第三方账号在一定程度上会提升信用等级，这对借款审核有一定帮助。

借款人可登录拍拍贷网页端进行第三方账号的关联，具体操作如下所示。

进入拍拍贷网页端并登录个人账号，选择“我的账户”选项，在打开的页面中的“账户设置”列表中选择“关联账户”选项，如图 7–4 所示。

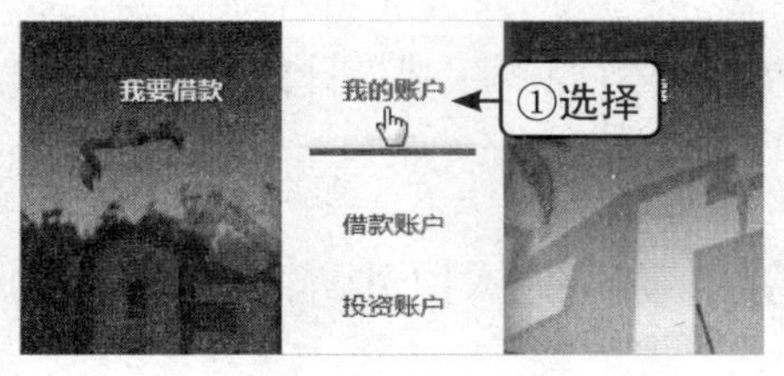

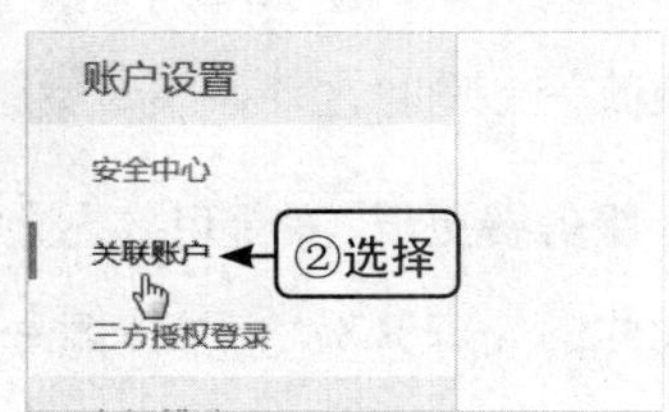

图 7–4

在页面中选择要关联的账户类型，单击“马上绑定”按钮。如单击新浪微博的“马上绑定”按钮，进入登录页面，输入微博账号和密码，单击“登录”按钮，即可完成第三方账号的关联，如图 7–5 所示。

图 7-5

7.2 人人贷，快速一键借款

人人贷全称为人人贷商务顾问（北京）有限公司，是人人友信旗下专业的网络借贷信息中介服务平台，也是中国最早的网络借贷信息中介服务平台之一。

7.2.1 人人贷有哪些优势

在人人贷借款 APP 中申请借款，最快 10 分钟便能完成审核，并能极速放款。除此之外，人人贷还具有其独特的优势，具体有以下 3 点。

服务费更低，安全可靠。强大系统支撑，更少人工参与，管理费更低，采用业内先进 RSA 非对称加密算法，能有效保护用户个人隐私信息。

全方位大数据风控测评。利用大数据风控逻辑对借款人的信用状况进行更快速、更精准的评估和审核，能在最短的时间内给借款人最合适的借款额度及费率。

灵活还款，高效便捷。多种还款方式，方便借款人及时还款，保持完美的个人信用记录。

人人贷借款的门槛较低，用户只需要满足以下申请条件，即可申请借款。

- **年龄要求**：年龄需在 22（含）~ 60（含）周岁之间且拥有有效期两天以上的本人二代身份证。
- **实名认证手机号**：需使用本人实名认证的手机号进行注册。
- **征信报告**：需要提交中国人民银行征信中心出具的《个人信用报告》，且申请人需有至少一张信用卡或借款记录。
- **借记卡**：拥有申请人本人名下的指定银行一类账户借记卡。
- **微粒贷借款记录（增信项）**：拥有微粒贷借款记录。
- **单位信息（增信项）**：有具体的所在行业和单位名称。
- **信用卡账单（增信项）**：近 3 个月不为空的信用卡账单明细。

前面 42 页为申请贷款的基本条件，如果借款人还具备以上增信项，有助于提升申请额度，降低费率，缩短审核和放款时间。

知识加油站

当前，人人贷借款平台支持的借记卡银行有建设银行、光大银行、工商银行、中国银行、交通银行、兴业银行、中信银行、平安银行、浦发银行和农业银行。

7.2.2 如何在人人贷申请借款

在“人人贷借款”APP 中申请借款，只需简单的 4 步即可完成借款，如图 7-6 所示。

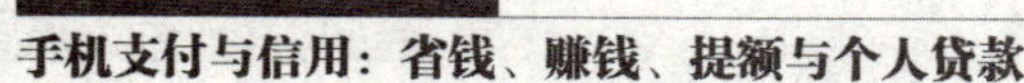

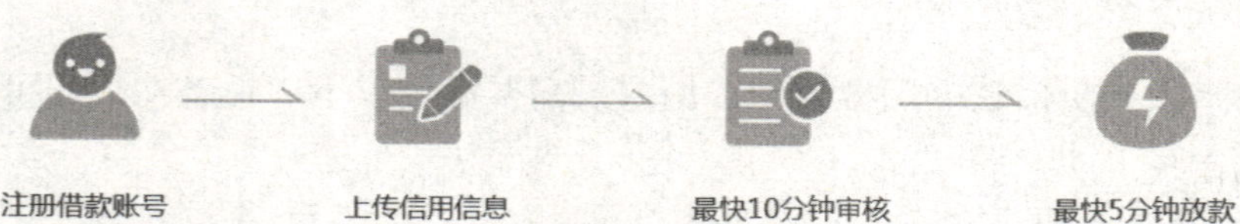

图 7-6

借款人可在人人贷官方网站首页（https://www.renrendai.com/），单击“我要借款 / 还款”超链接，在打开的页面中扫描二维码下载并安装“人人贷借款”APP。

“人人贷借款”APP 中提供的贷款产品，其借款额度为 1 万元 ~ 10 万元，借款期限为 12.24 和 36 个月，根据信用等级的不同，借款费率也不同，具体如表 7-1 所示。

表 7-1　人人贷借款费率收取标准

借款等级	最低月费率收取标准
一级	0.78%
二级	1.7%
三级	1.9%

身份认证是借款申请过程中的一个环节，身份认证时一定要确保填写的信息是正确的，且为本人真实信息，因为身份认证若 3 次失败，则不能继续申请贷款。

7.2.3 人人贷借款的提现和还款

借款审核通过后，系统会向借款人的手机发出短信，另外，登录人人贷借款 APP 后也可以查看到审核状态。

在审核通过的状态下，信审系统会给借款人一个最终可提现的最大额度，借款人可在最大额度范围内，自由选择提现的额度（最少可借额度为 1 万元）。

需要注意，人人贷借款的当前审批额度不可循环使用，借款人只有一次提现机会，因此在选择提现金额时要慎重。人人贷借款批核额度的有效期为一个月，如果在审核通过一个月后，再进行提现操作，那么可能导致提现失败。

提现后借款人要在还款日按时还款才不会导致逾期，还款日的确定与借款发放日有关，每月的还款日以合同中约定的日期为准。若还款日变更，则平台会以站内信、电话或短信等方式通知。

人人贷借款的还款方式有两种，一种为主动还款，另一种为还款日当天系统自动划扣。

若主动还款的当天恰好是还款日，那么只可主动还逾期，不能结清全部借款。若选择系统自动划扣还款，则要注意系统划扣的时间。还款日当天系统自动划扣的最晚时间为 22:00。另外，22:00 ~ 24:00 期间无法操作主动还款。

提前或按时还款后，借款人若要了解还款状态，可在“人人贷借款”APP 首页进行查看，若还款成功会提示“已还清”。

7.3 2345 贷款王，身份证就能贷

2345 贷款王是二三四五网络控股集团国内创新的对接个人与权威

金融机构的信贷技术服务平台，平台只贷不储，提供 500 ~ 5000 元的小额消费信贷服务。

7.3.1 如何申请 2345 贷款王

在 2345 贷款王借款，主要会经历注册和登录→资料认证→申请借款→在线还款四大步骤，具体流程如下所示。

◆ 注册和登录

首先进入 2345 贷款王官网首页（https://daikuan.2345.com/），单击“APP 下载”超链接，扫描二维码下载“2345 贷款王”APP。进入APP 后，按照页面提示填写手机号码、登录密码和动态验证码即可完成注册。

◆ 资料认证

登录 APP 后，在首页点击“立即免费开户”按钮，此时需根据页面提示依次完成身份证认证、绑定本人储蓄卡、填写个人基本信息和录制提交影像资料的认证。

认证完成后，点击“申请贷款”按钮，即可提交申请。申请提交后即进入审核阶段，审核通过后即可获得长期有效的消费贷款额度。一旦审核成功，借款人可随时借款，不使用就不会产生任何费用。

◆ 申请借款

获得贷款额度后，在 APP 首页点击“立即借款”按钮，即可申请借款，按照页面提示输入借款金额等信息，便能完成借款。借款申请提交后，银行将在约定的时间内放款至借款人绑定的个人储蓄卡账户中。

◆ 在线还款

在还款期限内，借款人可在任意时间，点击 APP 首页的“立即还款”

按钮进行还款。系统会按照实际借款天数，计算本金与贷款管理费。

7.3.2 申请 2345 贷款王的条件

虽然申请 2345 贷款王的门槛较低，但并不代表没有申请条件的限制，申请人需要满足以下条件。

①申请人年龄须在 20 周岁（含）~ 45 周岁之间。

②申请人须收入稳定但工作内容不限（学生暂不能申请）。

③无不良征信记录，在其他银行没有任何逾期记录。

满足上述申请条件的借款人即可在 2345 贷款王 APP 中申请借款，通过前面的借款流程可以知道，申请时需要填写个人基本信息。个人基本信息包括家庭住址、单位地址、单位电话和联系人等，其中需要注意家庭住址和单位地址的填写格式，借款人需按照以下格式填写才能合规。

- **家庭地址格式：**___ 省 / 市 ___ 区 / 县 / 镇 ___ 路 / 街 / 村 / 乡 ___ 弄 / 号 / 小区 / 大厦 / 大楼 ___ 层 / 楼 / 栋 / 组 ___ 室。
- **单位地址格式：**___ 省 / 市 ___ 区 / 县 / 镇 ___ 路 / 街 / 村 / 乡 ___ 号（如果没有多少号，可写标志性建筑 + 楼层）。

知识加油站

在 2345 贷款王 APP 中申请借款，若提示借款失败，借款人可检查提交的银行卡是否存在挂失、冻结等异常情况，因为当银行卡处于异常状态时，系统将无法进行放款。若多次尝试都无法借款，那么可更换其他银行卡后，再进行借款申请。另外，若当前综合信用评分不足，也会导致借款失败，借款人可在信用评分提高后再进行尝试。

7.3.3 2345 贷款的还款操作

2345 贷款王提供的还款方式有 3 种，包括主动还款、系统扣款和微信支付还款。

主动还款。打开 2345 贷款王 APP，点击“立即还款”按钮即可进行主动还款的操作。

系统扣款。最后还款日未主动还款，系统将自动扣款，借款人可将足额的钱存入绑定的银行卡中，由系统扣款。

微信支付还款。在逾期或还款失败的情况下，可以在还款页面底部选择微信支付还款方式进行还款。

知识加油站

使用微信支付还款时，需确保微信账户绑定的储蓄卡或微信余额充足。另外，微信支付还款暂不支持信用卡还款。在进行还款支付时，收款方默认为 2345 贷款王，若显示为其他名称，则要立即停止还款操作。

进行还款操作后，若 APP 仍显示未还款，此时不用着急，系统会在用户还款成功后 1 ~ 5 个工作日内进行更新，请耐心等待，不同还款方式对应的更新时间如下所示。

- 使用 APP 主动还款，系统将于次日更新还款结果，即今日还款，明日更新。
- 使用微信支付还款，一般 10 分钟左右页面即会更新。
- 使用对公转账还款，工作人员需要查账验款，系统会在还款成功后 3 ~ 5 个工作日内进行更新（使用对公转账还款请务必备注借款产品 + 注册姓名 + 注册手机号，不然工作人员无法确认是谁还款的）。

状态更新期间系统会按实际交易日期为借款人计息，不会多算借款人的利息，如在到期还款日前还款，也不会上报征信。

7.3.4 2345 贷款常见问题解析

不同的借款用户在 2345 贷款王 APP 中申请借款，遇到的问题可能会有所不同，常见的有以下几种。

◆ 提示身份证照片不合规

借款人上传的身份证照片必须是与实名制姓名一致的身份证照片，并且要保证能看清个人信息，常见的不合规情形有以下几种。

①身份证正反面、临时身份证拍摄得不清晰，使用过期身份证或断裂的身份证。

②身份证照片属于对电脑储存的图片进行翻拍的。

③上传的身份证照片并不是身份证，而是身份证以外的其他证件，如驾照、银行卡或信用卡等。

④身份证照片不完整，包括信息不完整、只拍摄局部以及 4 个角未拍全等情形。

⑤身份证照片的反光点刚好遮住了信息或者人脸。

◆ 提示头像视频不合规

在录入头像视频时要求在镜头内准确无误地朗读完整的文字内容，若文字未读、读错、视频无声音、人脸不在镜头内或不清晰，都会被视为不合规，需要重新录制上传。

◆ 影像资料上传时，提示文件太大

影像资料的大小限制为 4M，若超过 4M 可通过加快文字朗读速度、缩短视频时间和调低拍摄分辨率的方法，缩小影像资料的大小。

◆ 提示单位地址和名称字数超过限制

单位名称限制为15个字，单位地址限制为25个字，借款人可参照格式减少不必要的文字，填写合规的单位地址和名称。

◆ 审核一般需要多久时间

提交申请后，审核时间为1～7个工作日，在APP中会有消息通知。若超过7个工作日还没有审核结果，可反馈给客服，让客服帮忙处理。

◆ 收不到短信验证码

借款人可查看是否有软件拦截了短信，若有拦截，则需关闭或卸载拦截软件后再操作。另外，每位用户每天在每个环节最多可以获取短信验证码6次，如果超过6次，当天就不能再获取了，可在第二天再尝试操作。

7.4 飞贷，随借随还的手机助贷

飞贷是飞贷金融科技运用创新科技，打造的手机助贷APP。飞贷创新了助贷商业模式，通过综合运用大数据、云计算、人脸识别和电子签名等移动互联科技，破解了移动互联网风控这一难题。能帮助小微企业和个人从金融机构获得高效便捷的融资服务。

7.4.1 飞贷助贷产品的特点

飞贷的申请门槛较低，年龄在22～60周岁，持有二代身份证并有良好的信用记录的中国公民都可以申请，其提供的贷款产品具有以下特点。

额度高。用户可获得最高 30 万元的信用额度，且额度根据用户资信状况的变化动态调整。额度内支持多次借款，每笔借款结清后额度即刻恢复。

支持随借随还。额度内随意借款，有 30 天内随还和分期随还任选，按日计息，最长可支持 24 个月。支持部分或全额提前还款，提前还款无额外费用产生。

动态利率。根据用户分级实行个性化利率，资信越好，利率越低，并根据用户资信状况的变化动态调整。

飞贷实际上是连接金融机构和借款人之间的桥梁，通过图 7–7 可以形象地看出飞贷 APP 的桥梁作用。

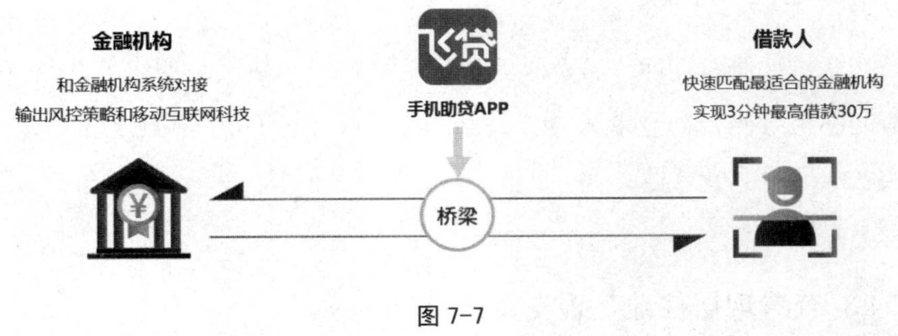

图 7–7

7.4.2 注册飞贷账号是否需要费用

要申请飞贷，首先需要拥有飞贷账号，注册飞贷账号不需要任何费用，借款人可在飞贷 APP 中注册，具体注册流程如下所示。

进入飞贷官方网站（https://www.feidai.com/），单击“下载飞贷

APP”按钮，扫描二维码下载并安装 APP，如图 7–8 所示。

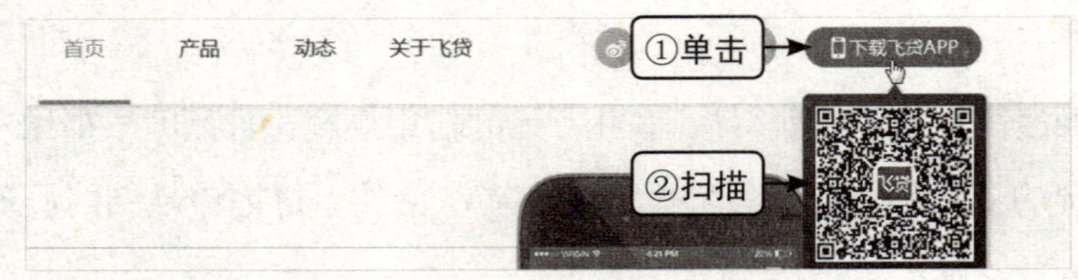

图 7–8

打开飞贷 APP，在首页点击“注册”超链接，在打开的页面中输入手机号码、短信验证码和登录密码，点击“确认”按钮完成注册，如图 7–9 所示。

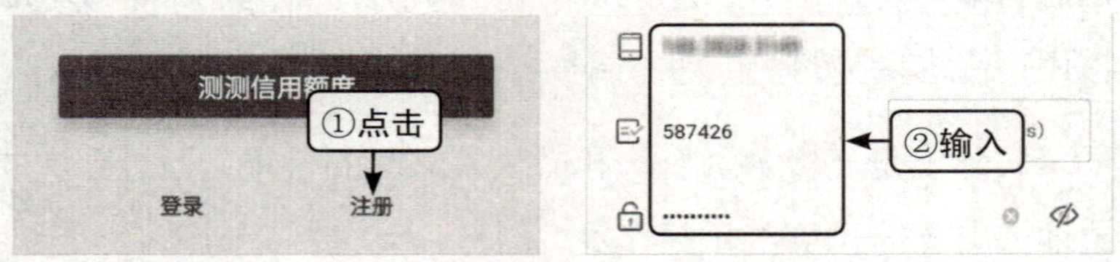

图 7–9

账号注册成功后，若登录账号的手机号码不使用，那么可以变更新的手机号码作为登录账号。另外，注册账号的手机号码必须是本人实名认证的手机号码。

7.4.3 查看现居住地是否支持飞贷

贷款申请人在申请飞贷产品时，需满足现居住地是在飞贷已开展业务的城市这一条件。那么目前哪些城市支持飞贷呢？借款人可在飞贷网页端查看已开通业务的城市。

进入飞贷官网首页，选择“产品”下拉列表中的“产品描述”选项，如图 7–10 所示。

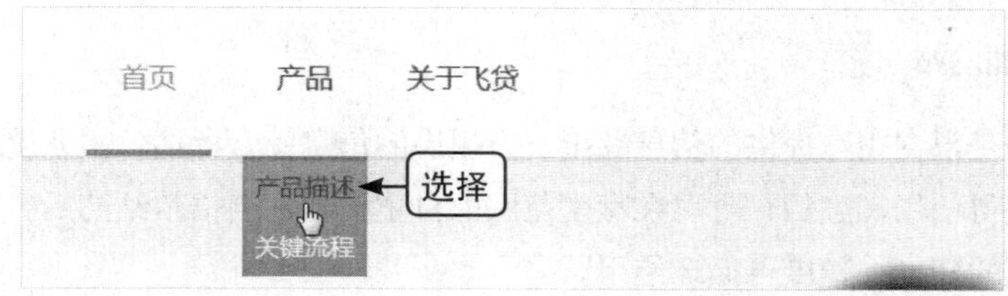

图 7-10

在打开的页面中选择地区，即可查看到已开通业务的城市有哪些，如图 7-11 所示。

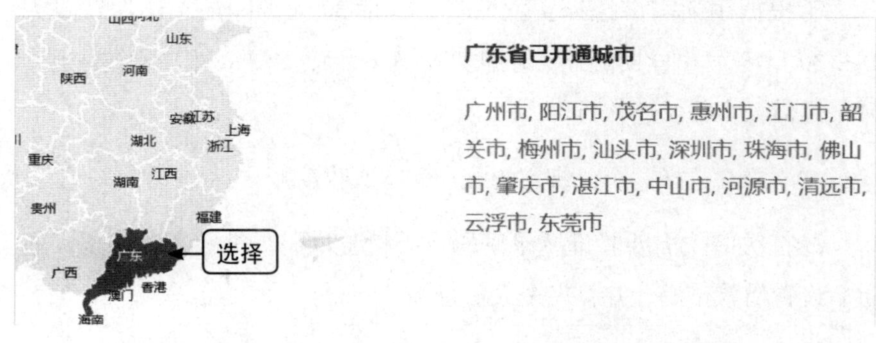

图 7-11

7.4.4 如何获得信用额度，如何提现

在飞贷申请借款，需要获得信用额度后才能提现。获取信用额度主要有四大步骤。

- **完善信息**：在飞贷 APP 首页点击“测测信用额度”按钮进入信用额度测试页面，填写城市、工作时间等个人基本信息。
- **身份证拍照**：打开摄像头，扫描身份证正反面并上传。
- **人脸识别**：根据页面提示依次完成指定面部动作。
- **授权及提交**：提交资料，获取授信额度。

知识加油站

信用额度是根据用户提供的信息及第三方提供的信息综合评估，由系统计算得出的。获得信用额度后，可以在额度范围内自主借款，当借款结清后，系统会恢复对应的额度，额度可循环使用。

获得授信额度后，便可申请借款了，借款人可按照以下步骤进行提现操作。

①根据用款需求选择贷款期限，包括 30 天内随还（还款期限为 1 ~ 30 日内）和分期随还（还款期限为 6、9、12、18 和 24 个月），并设定借款金额及还款日。

②添加并选择一个已绑定的账户为本次收款账户。

③首次借款需要验证登录密码及手机验证码，进行人脸识别，通过后设置借款密码，并补充个人信息。

④输入借款密码（首次借款设置借款密码成功后无须再输入，自动进入下一步）。

⑤合同生成，查看合同及相关协议，同意提交申请（有效时间为 60 分钟）。首次借款约 24 小时内到账（银行审核资料需要），第二次借款起可实现实时到账。

知识加油站

填写完借款信息后，会弹出合同确认界面，借款人有 60 分钟时间确认合同，若在 60 分钟内未点击“同意并提交”按钮，系统会自动取消该笔借款。

借款人可在可用额度范围内，根据实际需求，借相应的金额，但借款金额最低为 1000 元。在账户状态正常且“可用额度”没有用完的情况下，借款人可进行多笔借款。

目前，飞贷支持使用中国工商银行、中国银行、建设银行、光大银行、华夏银行、民生银行、兴业银行、平安银行、浦发银行、中国邮政储蓄银行和招商银行的储蓄卡进行提现。

7.4.5 是否可以提前还款

飞贷支持提前还款，借款人可在提现成功当日至贷款结清日前，选择全部或部分结清贷款，提前还款不会收取任何罚金，只收取已使用天数的相关息费。

除提前还款外，还可委托自动还款。委托自动还款会在约定还款日当天，从默认还款银行卡中扣除当期应还款项。对于 30 天内随还的产品，每笔贷款的最迟还款日为该笔借款成功日后的第 31 日；对于分期随还的产品，所有未结清的分期款项的还款日均为同一个还款日。

有时进行主动还款操作，系统会提示不能主动还款。这是因为有正在处理中的扣款（包括自动扣款及主动发起的扣款），为避免重复扣款给借款人带来损失，系统会暂时限制借款人主动还款的操作。

在还款日的当天，飞贷会通过短信、APP 自动向借款人的手机推送还款提醒消息，以提醒借款人按时还款。

7.5 51 人品贷，凭人品授信信贷

51 人品是涵盖理财与借贷服务的平台，借贷依据社交、财力在线授信，无须抵押，极速放款。

7.5.1 什么是人品贷

人品贷是由 51 人品打造的一款凭人品值授信借贷的产品，其借贷金额通过以下 3 步来进行计算。

①计算认证项额度，认证项包括真实信息、信用卡账单、手机号绑定和运营商认证。

②授信系统会根据上述认证项，综合加权计算可借额度（最高为 10 万元），且不定时检测 / 调整。

③提额认证项增加、变更或更新时，额度可能会发生变化，如增加认证公积金或其他信用卡账单。

申请人品贷需要申请人满足以下条件并提交以下资料。

- ◆ 22 ~ 55 周岁的中国大陆居民，持有有效期内的身份证件。
- ◆ 持有本人经常使用的信用卡（多多益善）。
- ◆ 个人真实信息。
- ◆ 本人实名制使用时间最长的手机号。
- ◆ 人脸识别认证。

- ◆ 非在校学生，有稳定的收入和工作单位。

知识加油站

目前，全国大部分城市均已开放人品贷，部分地级市以及西藏、新疆和青海暂未开放。若手机归属地属于未开放地区，会提示“所在城市未开放”，不能申请人品贷，借款人可在“51 信用卡管家”APP 中申请人品贷。

7.5.2 51 人品的其他贷款产品

除人品贷外，51 人品信用卡管家还提供其他贷款产品，包括 51 零用钱、借钱给你花和极速借款系列等。

◆ 51 零用钱

51 零用钱是 51 信用卡管家推出的一项现金贷款产品，具有无抵押、纯信用和纯线上的特点。完成基础认证后，51 零用钱的可用初始额度为 1000 元，若完成提额认证后，则借款可用最高初始额度为 1500 元。随着借款人借款、还款次数的增加，额度会定期提升。目前，51 零用钱的最高额度暂为 5000 元。

根据个人需要，借款人可自由选择 10 天、20 天或 30 天的还款期限。申请 51 零用钱后，系统审核的时间一般为一个工作日，审核通过后，一般会在一个工作日内放款到借款人绑定的储蓄卡中。

◆ 借钱给你花

借钱给你花是 51 信用卡管家提供的短期信用借款，最少可申请 500 元，系统会根据大数据为借款人匹配可申请额度，最高可申请额度为 10000 元。

提交“借款给你花”借款申请后，最快30分钟内便能完成审核，如遇节假日或申请人数过多，审核进度可能会有延迟。借款申请审核通过后，最快两小时内打款到绑定的储蓄卡中。

目前借钱给你花支持的银行储蓄卡有中国银行、工商银行、建设银行、光大银行、兴业银行、中信银行、平安银行、浦发银行、邮政银行、北京银行、交通银行和广发银行。

◆ 极速借款

极速借款主要提供第三方的平台贷款产品，如薪易贷、瞬时贷、小花钱包、美借、平安i贷、拍拍贷和手机贷等。借款人可根据个人需要选择不同的贷款产品。

7.5.3 人品贷借款指导

申请人品贷借款首先需要下载并安装“51信用卡管家”APP。打开“51信用卡管家”APP后，没有账号的用户需注册账号，有账号的用户需登录后才能进入借款页面。

注册账号并登录后，会打开“添加邮箱”页面，选择邮箱类型，如选择“QQ邮箱”选项。在打开的页面中输入邮箱和QQ密码，点击“登录”按钮，如图7-12所示。

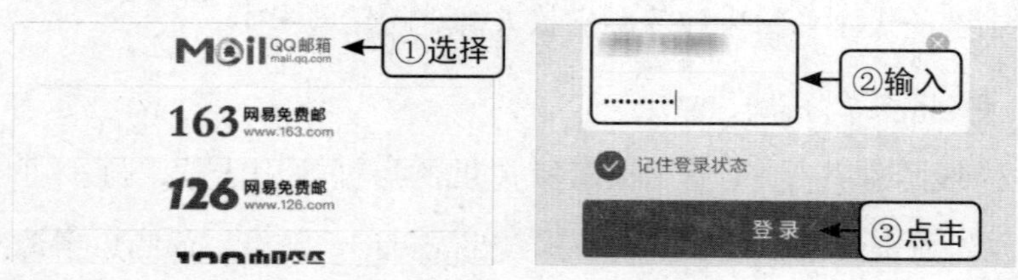

图7-12

绑定邮箱后，系统会自动获取账单，在打开的页面中选择“回到首页”选项。在首页点击“借钱”按钮，如图 7–13 所示。

图 7–13

在打开的页面中点击“我要借款”按钮，进入人品贷借款页面，点击“马上借钱”按钮，即可进行人品贷借款，如图 7–14 所示。

图 7–14

在申请人品贷借款时，如果显示额度为 0，那么可能是由于以下 5 种情况导致的。

- 尚未导入信用卡账单，可在每月信用卡出账后尝试导入。
- 可能已经申请过一笔借款（最大额度被使用），所以可借额度为 0。
- 可能暂时不符合人品贷借款的申请条件。
- 风控系统判定该借款人的综合评分不足，短期不符合借款条件。
- 极特殊的情况是额度在计算中，可隔一天重新登录后查看。

7.5.4 人品贷借款热门问题

申请人品贷借款时，借款人可能会遇到无法申请、审核未通过及认证异常等问题，下面针对常见的热门问题进行解答。

◆ 为什么有额度但不能申请

人品贷的最低起贷额度是 5000 元，若授信额度低于起贷额度，则有额度也不能申请借款。借款人可通过多认证各项信息提升额度，或尝试使用更方便、灵活的小伍钱包借款。

若授信额度高于起贷额度，但仍无法申请，那么可能是信用资信不符合申请条件，借款人可通过保持良好信用记录和消费习惯，过段时间再进行尝试。

◆ 为什么人品贷审核未通过

审核未通过的原因有多种，包括认证账户非本人常用或可信度偏低、认证信息资质差异较大或可信度偏低、某项信用资质评分不足、某项偿债资质评分不足以及综合资质评分不足等。

◆ 为什么人脸识别认证失败

人脸识别偶尔存在缓存处理不及时问题，若两次以上人脸认证未成功，借款人可退出账号重新登录，或等 1 ~ 2 个工作日后再尝试认证。

◆ 人品贷费用是多少

人品贷借款成功后会收取审核服务费，按借款金额比例收取，目前该比例为 5%。

借款人每期应还金额 = 借款金额 ÷ 期数 + 借款金额 × 月费率。借款月费率与个人借款期限和个人资质有关，借款人可在借款申请页面查看具体费率。

7.6 其他手机贷款平台

目前，市场上还有很多手机小额信贷服务平台，这些平台都具有自身的特色，提供的贷款产品也不尽相同，借款人可根据个人需要进行选择。

7.6.1 现金白卡，为蓝领人群提供金融服务

现金白卡（又称现金卡）是浅橙科技旗下的互联网小额信贷信息服务平台，提供消费信贷撮合及消费场景下的信贷信息服务，其具有如图 7-15 所示的特点。

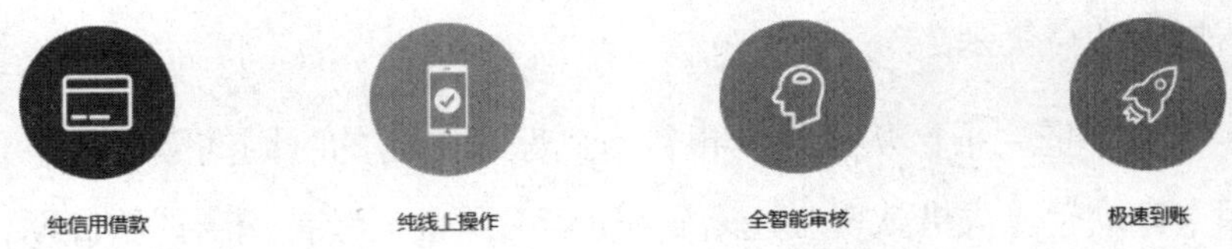

图 7-15

申请现金白卡借款只需简单的 3 步即可获得借款，具体借款流程如图 7-16 所示。

第一步：下载并安装“现金白卡”APP，打开APP后注册账号，再完成必填信息认证，包括个人信息、紧急联系人、手机运营商、收款银行卡和芝麻授信。

↓

第二步：在APP首页点击“马上申请”按钮选择借款金额和借款期限，一键申请借款。

↓

第三步：申请提交成功后，系统进行在线审批，审批通过后即可打款到账。

图 7-16

7.6.2 还呗，将借款打入信用卡

对于有信用卡的持卡人来说，有时会因为透支严重、家庭置办大额物件等原因导致还款期限来临时，手中却没有足够的现金还信用卡。而大部分贷款平台并不支持将借款资金打入信用卡中，如果将还信用卡的钱从其他贷款平台中借入后，再通过储蓄卡转账到信用卡，会让还信用卡变得复杂。

另外，贷款平台从放款到银行卡到账有一定的时间间隔，如果到信用卡还款日当天借款资金还未到账，就有可能导致信用卡还款逾期，为了避免出现上述情形，持卡人可使用“还呗”APP 代还信用卡。

还呗为优质信用卡用户提供低息、高效信用卡账单分期服务，能帮用户低息代还信用卡。与在其他贷款平台借款后再还信用卡相比，还呗具有以下优势。

- **帮还卡：** 借款直接打入用户的信用卡中。
- **额度高：** 代还额度可达 30000 元。

◆ **速度快：**借款 3 秒钟到账。

在风险管理方面，还呗也有一整套严格的风险管理流程。在客户申请额度时，“还呗”便基于优质的大数据平台，收集客户申请行为数据，同时突破仅利用申请及资信信息评价客户风险的体系，结合互联网信息、客户申请行为数据等建立新的风险评价体系，在底层支撑信贷决策。在整个过程中，采用实时的动态监控技术，防范操作风险，最大程度保障客户的账户和信息安全。

申请还呗并不需要太多资料，只需身份证和信用卡即可，在线申请仅需 3 步便能获得信用卡还款资金，如图 7-17 所示。

图 7-17

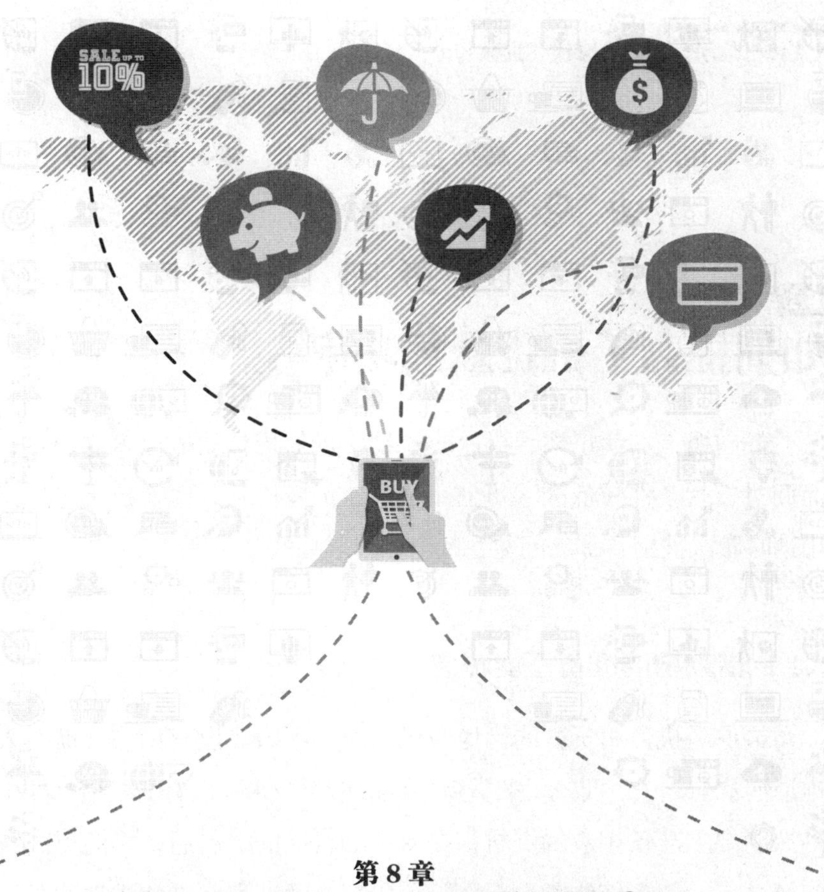

第 8 章

谨记手机信用贷款的要点

手机信用贷款手续简单、放款速度快，因此受到了很多人的青睐，但并不是所有的借款人都能成功申请借款，借款人想要提高借款成功率还需要一些“窍门”。另外，由手机贷款所引发的一系列问题，借款人也必须引起重视。

8.1

如何提高手机贷款成功率

低门槛、在线审核、极速放款是手机信用贷款最显著的特点，然而面对贷款条件较低的手机信用贷款，仍有借款人反映自己进行借款申请时履次被拒，那么问题到底出在哪里呢？

8.1.1 借款前的准备不能疏忽

虽说手机信用贷款的门槛较低，但并不表示没有门槛。借款人在申请借款前，一定要先了解贷款平台的借款要求。只有清楚借款要求，并按照要求准备相应的资料，提交正确真实的资料后，才能提高审核的通过率。若抱着侥幸心理，胡乱填写一通，那么借款成功的可能性就是极低的。

另外，目前使用手机进行贷款都要求是本人实名认证的手机号码，同时手机认证也是判断获取额度多少的重要工具，因此借款人首先必须保证手机号是本人经过实名认证的。

如果借款人当前使用的手机号码的实名认证人是亲人或朋友，那么新旧卡主可携带双方有效证件，到营业厅办理过户。手机号码的使用年限和消费记录对申请手机借款也有一定的影响，手机号码使用的时间越长对获得借款越有帮助，如果手机号码长期都有欠费记录，那么也会影响授信。

因为电信欠费记录也会被记录在个人信用报告中，如图 8-1 所示为在人民银行征信中心查询到的个人信用报告部分内容，从图中可以看出，在“公共记录”栏中有“电信欠费记录”项，如图 8-1 所示。

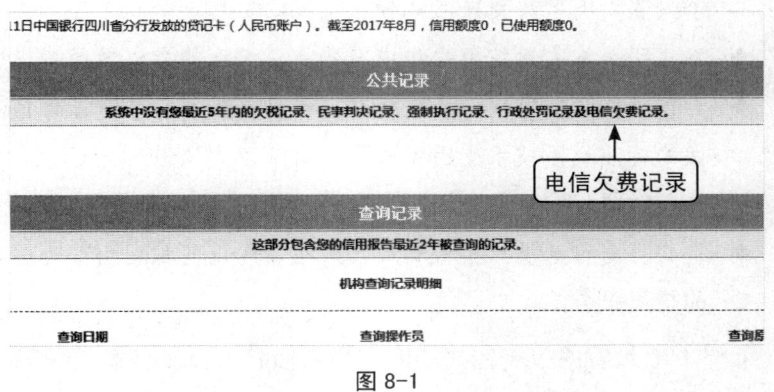

图 8-1

8.1.2 不能忽视的个人信用

个人信用对借款人是否能获得借款至关重要，而贷款平台首次判定借款人信用是否良好的标准主要在于个人信用报告。个人信用报告记录了用户与银行之间发生的信贷交易历史信息，只要个人在银行办理过信用卡、贷款或为他人贷款担保等信贷业务，在银行登记过的基本信息和账户信息就会通过商业银行的数据报送而进入个人征信系统，从而形成信用报告。

个人信用报告除会记录银行信贷交易信息外，还会记录公安部身份信息核查结果、个人基本信息、非银行信用信息、本人声明及异议标注和查询历史信息，这几个方面信息的具体内容如下所示。

◆ 公安部身份信息核查结果实时来自公安部公民信息共享平台的信息。

◆ 个人基本信息表示本人的一些基本信息，包括身份信息、婚姻信息、居住信息和职业信息等内容。

◆ 非银行信用信息是个人征信系统从其他部门采集的、可以反映个人收入、缴欠费或其他资产状况的信息。

◆ 本声明是本人对信用报告中某些无法核实的异议所做的说明。

◆ 异议标注是征信中心异议处理人员针对信用报告中异议信息所做的标注或因技术原因无法及时对异议事项进行更正时所做的特别说明。

◆ 查询历史信息展示某机构或某人在何时以何种理由查询过该人的信用报告。

了解了个人信用报告包含的内容后，借款人就要注意避免留下信用污点。个人信用需要借款人自己来维护，日常生活中，可通过以下方法维护良好的信用记录。

①主动与银行保持畅通的联系，注意更新手机号码，准确提供自己的基本信息。

②量入为出，按时还款，避免出现逾期。如果已有逾期记录，应尽快还款，积极采取措施避免再次发生。如果逾期信息有误，应尽快提出申请，及时纠正。

③爱护自己的身份信息，不要将身份证借给别人，不要随意把身份信息提供给别人。一旦发现自己的身份证被盗用，尽快向公安机关报案，维护自己的合法权益。

8.1.3 拥有让借款更容易的信用卡

对于没有信用卡的借款人来说，不妨在准备借款前申请一张信用卡，因为凭信用卡在贷款平台申请借款会容易很多。为什么这么说呢？

首先，信用卡的账户使用明细会记入信用报告中，只要持卡人在使用信用卡的过程中按时还款，没有逾期记录，那么就有利于维护良好的信用记录。

其次，不少贷款平台将信用卡账单作为评定借款资质的重要证明之一。另外，有的贷款平台还针对信用卡使用人群推出了专属的信用卡贷款产品。由此可见，信用卡对于申请贷款具有重要作用。

目前，申请一张信用卡并不难，用户只需在线提交资料即可申办信用卡。对于有储蓄卡的用户来说，在储蓄卡开户行申请信用卡通过率会更高。

信用卡的在线申请渠道有手机银行、网上银行以及微信银行等。以在手机银行申请建设银行信用卡为例，登录建设银行手机银行后，点击“信用卡申请”按钮，在打开的页面输入姓名和身份证号，点击“下一步”按钮，如图 8-2 所示。

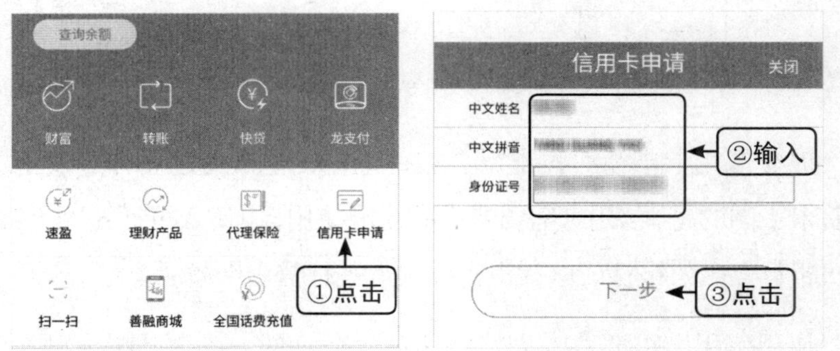

图 8-2

在打开的页面中选择信用卡，在信用卡详情页面，选中“本人已阅读……”复选框，点击“下一步”按钮，如图 8-3 所示。

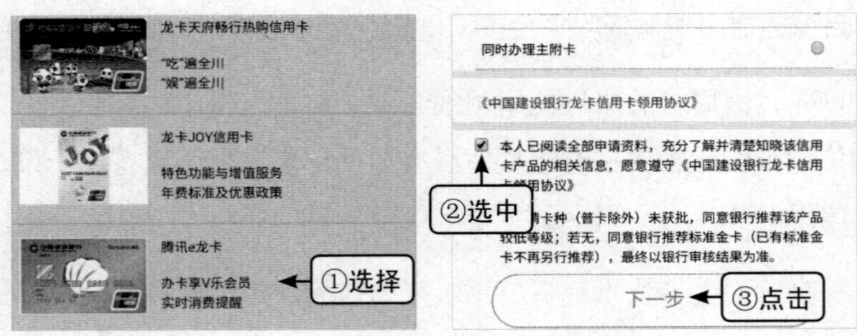

图 8-3

最后根据页面提示填写资料，点击“下一步”按钮继续完成后续操作。填写资料时要确保信息真实有效，如图 8-4 所示为基本资料填写页面。

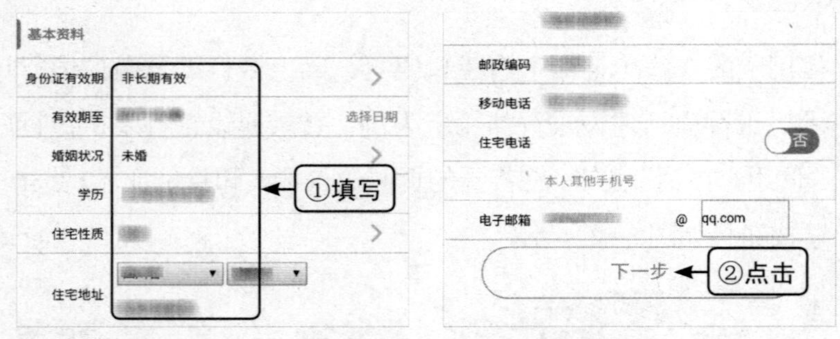

图 8-4

提交信用卡申请后，银行会进行审核，审核通过后即会发卡。与储蓄卡不同的是，信用卡需要激活后才能使用，申请人可通过网上银行、手机银行、微信银行或电话银行等渠道进行信用卡激活。

使用信用卡需要持卡人特别注意两个日期，一个是账单日，一个是还款日。账单日是发卡银行每月定期对持卡人的信用卡账户当期发生的各项交易、费用等进行汇总结算并结计利息，计算当期总欠款金额和最小还款额的日期。还款日是信用卡发卡银行要求持卡人归还应付款项的最后日期，若在还款日未全额还款或还最低还款额就会被视为逾期。

在信用卡消费每月出账后，银行都会发送电子账单到持卡人申请信用卡时填写的邮箱中。通过电子账单，持卡人可以了解账单周期内各项消费的具体情况、到期还款日、本期应还款额、最低还款额和信用额度等信息，如图 8-5 所示为某银行的信用卡电子账单。

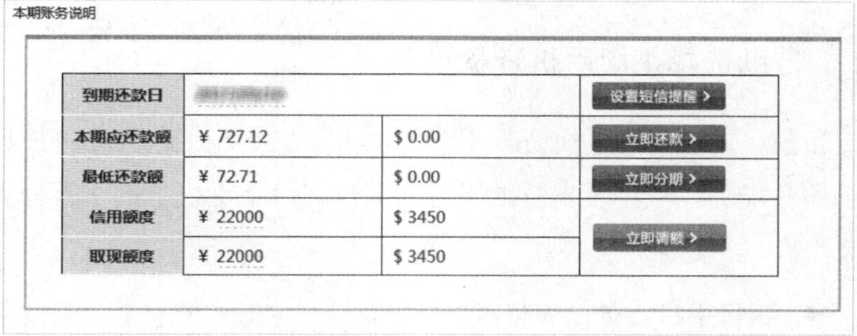

本期账务说明

到期还款日			设置短信提醒 >
本期应还款额	¥ 727.12	$ 0.00	立即还款 >
最低还款额	¥ 72.71	$ 0.00	立即分期 >
信用额度	¥ 22000	$ 3450	立即调额 >
取现额度	¥ 22000	$ 3450	

图 8-5

8.1.4 证明资料也很重要

在申请手机贷款时，贷款平台都会要求借款人进行基本认证，如果借款人的基本认证资料不够优秀，那么可以通过补充资料或提供第三方账号等方式辅助审核，能提高通过率，还有可能获得更高的贷款额度。其中比较重要的辅助审核资料是芝麻信用分，因为大多数贷款平台都支持凭芝麻信用分获得较高额度。另外，有些平台在进行借款人审核时还将芝麻信用分作为基本认证资料之一。

除芝麻信用分外，淘宝账号、京东账号以及微博账号等也可以作为辅助审核资料，但在向贷款平台提供这些账号资料时要确保这些账号是本人的，提供他人的账号对审核没有帮助。

在提交贷款平台所要求的基本证明资料和辅助证明资料时，要确保上传的资料符合平台要求，否则有可能会导致审核不能通过或资料上传失败。如在上传身份证明图像资料时，要保证身份证正面和反面的文字和图像都清晰可见，这样系统自动识别姓名和身份证号码才能成功。

8.1.5 自助选择正规手机贷款平台

目前，市场上的手机贷款平台有很多，但有些平台并不真正具备贷款服务能力。根据手机贷款平台的属性，可把手机贷款平台分为以下 4 类。

- ◆ **银行手机贷款**：如招商银行闪电贷、建设银行快贷以及浦发银行浦银点贷等，银行类手机贷款申请门槛相对较高，但安全性更高。
- ◆ **大型互联网金融平台**：如支付宝、京东和微信等，这些平台也提供了相应的贷款服务，在这些平台贷款安全性高，并且对申请人信息的保护也强。
- ◆ **小额贷款公司**：相对于前面两种渠道，在小额贷款公司提供的手机贷款 APP 中申请贷款安全性要低，这主要是因为市场上的小额贷款公司良莠不齐，有些平台并不是那么可靠。
- ◆ **P2P 网贷平台**：除只提供贷款服务的小额贷款公司外，市场上还有提供理财和贷款双向服务的 P2P 网贷平台。一般来说，实力强、大型的且口碑好的 P2P 网贷平台都是值得信赖的。

那么究竟应该如何选择手机贷款平台呢？借款人可尽量优先选择大型金融机构提供的手机贷款，如银行、支付宝或微信等渠道，在大型金融机构提供的手机贷款平台中无法获得借款时，才考虑小额贷款公司和 P2P 网贷平台。

在选择小额贷款公司和 P2P 网贷平台提供的手机贷款时，借款人应首先确保该平台所属公司是正规且合法经营的机构，可通过查看平台的营业执照的方法来判别，比如，借款人可在全国企业信用信息公示系统中查询营业执照的真伪。

进入国家企业信用信息公示系统官网首页（http://www.gsxt.gov.cn/），输入企业名称、统一信用代码或注册号，单击“查询”按钮，如图 8–6 所示。

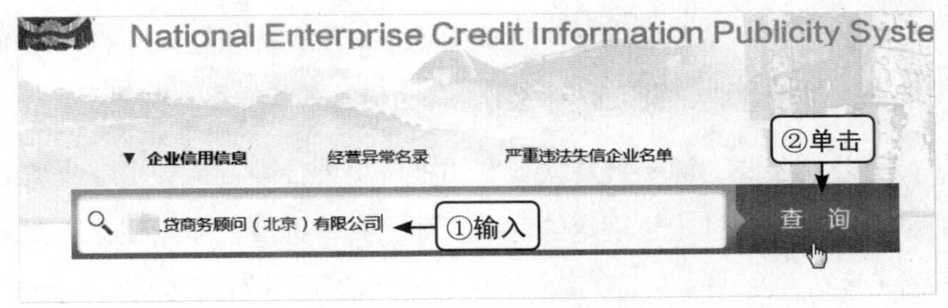

图 8–6

在打开的页面中完成验证并点击“确认”按钮，在查询结果中选择要查询的公司，如图 8–7 所示。

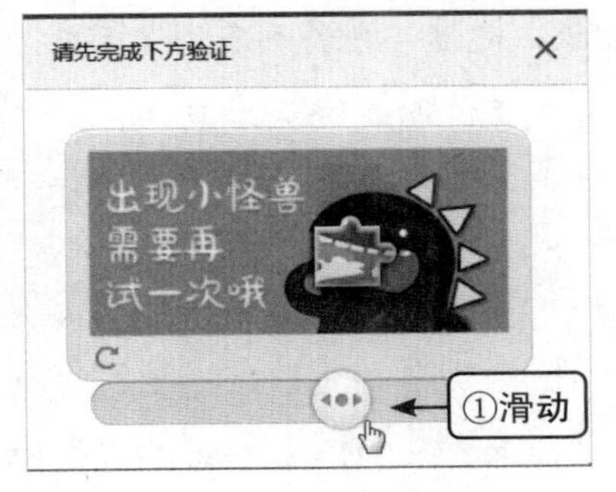

图 8–7

在打开的页面中即可查看到结果，如图 8-8 所示。

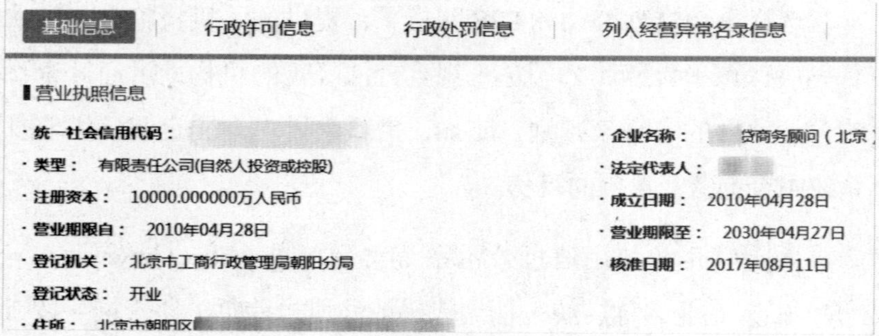

基础信息 | 行政许可信息 | 行政处罚信息 | 列入经营异常名录信息

▌营业执照信息

· 统一社会信用代码：

· 企业名称： 贷商务顾问（北京）

· 类型： 有限责任公司(自然人投资或控股)

· 法定代表人：

· 注册资本： 10000.000000万人民币

· 成立日期： 2010年04月28日

· 营业期限自： 2010年04月28日

· 营业期限至： 2030年04月27日

· 登记机关： 北京市工商行政管理局朝阳分局

· 核准日期： 2017年08月11日

· 登记状态： 开业

· 住所： 北京市朝阳区

图 8-8

除此之外，还要了解平台具体的收费情况，如果在未获得借款前就要求支付中介费、服务费等费用，那么借款人就要提高警惕了。

另外，还要了解平台贷款利率的收取是否合理，贷款平台收取的贷款利率不得超过国家规定的标准，那么具体标准是多少呢？下面来看看《最高人民法院关于审理民间借贷案件适用法律若干问题的规定》第二十六条规定。

第二十六条 借贷双方约定的利率未超过年利率 24%，出借人请求借款人按照约定的利率支付利息的，人民法院应予支持。

借贷双方约定的利率超过年利率 36%，超过部分的利息约定无效。借款人请求出借人返还已支付的超过年利率 36% 部分的利息的，人民法院应予支持。

从上述规定中可以看到两个关键数字，即 24% 和 36%。这两个数字划分了 3 个区域，即自然债务区、司法保护区和无效区。贷款年利率在 24% 以内的属于司法保护区，受法律保护。24% ~ 36% 的区间属于自然债务区，由双方协商确定。若贷款年利率超过 36%，则属于无效区。若贷款平台给出的贷款利率高于年利率 36%，那么这样的贷款平台即使门槛再低、放款再快也不要选择，当然若借款人已借款，那么可以主张不支付不合理的贷款利息费用。

8.1.6 网上查看问题借贷平台

在众多贷款平台中，有部分贷款平台属于 P2P 网贷平台，在选择这类平台贷款时，可以通过评级和查看问题平台的方法来进行筛选。

进入网贷天眼官网首页（http://www.p2peye.com/），单击“评级”超链接，如图 8-9 所示。

图 8-9

在打开的页面中即可查看到 P2P 网贷平台的综合评级结果，如图 8-10 所示。

综合评级及展示结果 注：2016年1月及之前月份各平台的资金流入率为非常规标指数

序号	平台名称	变化	等级	数据评分	信披评分	合规评分	期限	利率	上线时
1	宜人贷	↑ 1	A+	93.45	75.00	89.00	3.56	11.69	2012/0
2	陆金服	↓ -1	A+	91.88	76.00	77.00	3.52	8.01	2012/0
3	拍拍贷	→ 0	A+	90.35	50.00	73.00	0.89	13.61	2007/0
4	人人贷	→ 0	A+	89.88	80.00	77.00	2.95	9.46	2011/1
5	微贷网	→ 0	A+	88.69	80.00	77.00	0.37	7.65	2011/0
6	小赢理财	↑ 2	A+	87.78	70.00	78.00	0.98	7.30	2014/0

图 8-10

若要查看问题平台，则在“数据”下拉列表中选择“问题平台”选项，如图 8-11 所示。

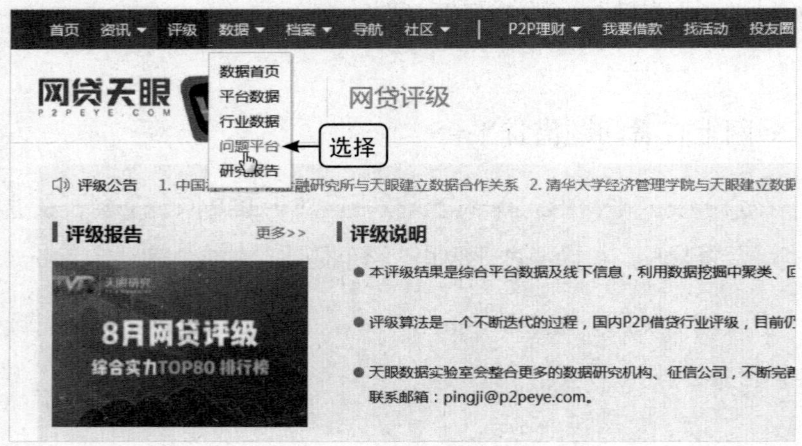

图 8-11

在打开的页面中即可查看到问题平台的名称、问题发生时间、所在地区以及出问题的原因等，如图 8-12 所示。

平台名称	所在地区	上线时间	出问题原因
[illegible]	北京市东城区	2016-05-05	提现困难
[illegible]	北京市海淀区	2016-03-01	提现困难
[illegible]	上海市虹口区	--	平台诈骗
[illegible]	广东省佛山市	2015-12-12	终止运营
[illegible]	山东省临沂市	--	平台失联
[illegible]	贵州省贵阳市	2016-07-21	平台失联
[illegible]	北京市东城区	2015-06-01	平台失联
[illegible]	安徽省合肥市	2015-05-08	平台失联

图 8-12

8.2 由个人贷款引发的问题

随着使用手机贷款的人群越来越多，由手机贷款引发的问题也日益凸显，如校园贷诈骗、分期贷款陷阱、虚假贷款广告以及身份证被盗用带来的问题等。

8.2.1 防范手机贷款 APP 软件

手机贷款的便捷性确实能帮助急需资金的人解决燃眉之急，但随着越来越多的人使用手机办理贷款，不少骗子开始利用借款人急缺资金的心理实施诈骗，下面来看一个案例。

2017 年 6 月，刘先生因资金周转急需借款 10000 元，由于借款金额不多且比较紧急，因此刘先生想到了使用简单、快捷的手机贷款渠道进行借款。

于是，刘先生通过手机下载了一款手机贷款 APP，根据 APP 页面的提示，刘先生填写了个人基本信息。随后他接到了一名自称是“××贷款公司”的电话，对方称只需身份证，无须抵押、担保，就能帮刘先生几分钟内搞定贷款。

随后刘先生收到了对方发来的电子合同，合同上写明了贷款方的名称，为 ×× 贷款公司。紧接着对方称为证明刘先生的偿还能力，需先交借款金额 10% ~ 20% 的费金，交纳费金后马上就能放款。

刘先生没有犹豫就将钱打到了对方的账户中，可当刘先生再次与对方通话时却被告知审核未通过，需再打款，这时刘先生才意识到自己被骗。

上述案例属于典型的电信手机贷款诈骗，实际上所谓的“××贷款公司”根本就不存在，只是骗子为获取他人信任而伪造的“空壳公司”。而案例中刘先生的个人信息之所以会被骗子获取，很可能是因为手机贷款平台倒卖了刘先生的个人信息。

这样的手机贷款平台大多是小型不正规的公司提供的，这类平台常常要求借款人填写较多的私人信息，待借款人提交申请后又以各种理由不放款，以此来骗取借款人的私人信息。

面对此类骗局，借款人要有防范意识。首先应下载知名度较高、安全性好的贷款 APP，其次在接到类似“贷款公司”的电话时一定要反复确认对方身份，正规贷款公司不会要求借款人转账，也不会在未放款前收取借款人额外的费用。

8.2.2 虚假贷款广告骗局

网络广告是许多贷款平台的宣传手段之一，在网络广告快速发展的同时，虚假广告也给受众带来了麻烦。在搜索引擎中，用户只要输入“贷款”二字就会出现各式各样的贷款广告，如果不能很好地分辨虚假贷款广告，就有可能上当受骗。

王女士因做生意急需一笔资金，由于不符合银行贷款条件，因此她决定通过网络渠道借款。在浏览新闻时，王女士看到了一条“无抵押贷款”的广告。随后，王女士与该贷款公司取得了联系，对方称能提供 10 万元的无抵押贷款。

接着王女士按照对方的要求提交了贷款所需的资料，在提交资料后，对方称王女士信用记录不是太好，贷款审核没有通过，但可交纳3000 元保证金，作为还款担保，这样就能获得贷款。

为了获得贷款，王女士并没有过多考虑这是否是骗局，按照对方的要求交纳了 3000 元的保证金。将保证金打入对方账户后，在放款当天对方又以利息、验资款为由，要求王女士支付 5000 元。在支付了5000 元以后，对方又以各种理由要求王女士继续汇款，此时王女士才意识到自己上当受骗了。

不仅是在网络上，在朋友圈、大街小巷都能看到类似于“贷款手续简单、放款快、利息低”的贷款广告。对于急需资金的借款人来说，看到这种广告不免会心动，但这种看起来很美、让人动心的借款广告可能暗藏风险。

这种“零门槛”贷款广告一部分可能是变相高利贷，另一部分可能是骗子的诈骗手段。如果借款人经不住诱惑而进行了咨询，再因急于贷款而考虑不周，就有可能落入骗子设下的圈套中。

面对网络上的贷款小广告，借款人不要轻信。借款人要牢记，未放款就要求支付额外费用的都是假的贷款公司。另外，借款人办理贷款应在正规的贷款平台办理，这样才不会损失了金钱还贷不到款。

8.2.3 警惕校园贷诈骗

校园贷是指专门针对各大中院校学生提供的贷款。近几年来，校园贷已成为了大学生遭受诈骗的重灾区。由于大多数大学生并没有风险防范意识，再加上部分大学生常常会出现消费过度的情形，这就使得办贷程序简单的校园贷成为大学生人群首选的贷款渠道，同时也为骗子实施诈骗提供了温床。

据《校园贷诈骗数据报告》显示，2016年4月～2017年6月，见诸报端的校园贷诈骗案达到41起，涉及全国22个省市。据不完全统计，有据可查的校园贷受骗人数约3679人，涉案金额高达5496余万元。

校园贷诈骗的形式五花八门，诈骗的实施者不仅包括社会人士，还包括大学生，常见的校园贷诈骗套路有以下几种。

◆ 以好处作诱饵，引诱贷款

此类骗局大多以“好处费”为诱饵。首先，诈骗分子会让大学生以自己的名义在某借贷平台上进行借款，并承诺借款的资金由自己偿还与大学生无关，事后将会给大学生几百到几千元不等的好处费。然而当大学生贷款成功后，该诈骗分子就会“人间蒸发”。

◆ 用虚假广告骗取押金

此类骗局针对的对象主要是有贷款需求的大学生，诈骗分子会在朋友圈、搜索引擎以及其他网站平台发布虚假网络贷款的广告。当大学生与其联系时，诈骗分子会以伪造的贷款合同来骗取大学生的信任。

待取得大学生信任后，诈骗分子会以信用记录不良、学生贷款困难或偿还能力不强等理由，要求大学生交纳保险金、担保金等费用。

◆ 利用软件漏洞套现

校园贷一般是在网络上办理，因此不少诈骗分子就声称可以操作某软件，让大学生贷款但不用还钱，而大学生只需支付他一定的“分红”就可以教其如何套现。

而实际上，诈骗分子声称的可以让贷款记录“凭空消失”的事情并不可能实现，待大学生按照诈骗分子提示的操作完成贷款后，就会发现诈骗分子在获得“分红”后就会不知去向。

◆ 刷单冲业绩

诈骗分子会以刷单冲业绩为由，以此来骗取大学生的身份信息，再利用大学生的身份信息进行贷款套现。此类骗局的受骗人与诈骗实施者多是互相认识的朋友或同学，而诈骗分子实施诈骗的原因主要是为满足消费欲望或其他不法目的。

◆ 发展下线，转做代理

诈骗分子会看准大学生还款困难、压力大等心理，让大学生转为做“代理”，承诺只要做代理发展下线，就能在短时间内获得高报酬。大学生一旦轻信，就可能从受害者变为诈骗分子的帮凶或成为诈骗实施者，最终甚至涉嫌犯罪。

面对层出不穷的校园贷诈骗，中国银行业监督管理委员会、教育部和人力资源社会保障部联合印发了《关于进一步加强校园贷规范管理工作的通知》，进一步加大校园贷监管整治力度，从源头上治理乱象，防范和化解校园贷风险。

但对大学生而言，要想避免上当受骗，最根本的方法是提高自身防范意识，学会识别骗局。大学生要防范校园贷诈骗可从以下几方面做起。

不要帮别人借钱。不管对方是谁，都不要为了帮别人的忙而用自己的身份信息进行借款操作。这种“帮别人借钱”的行为不仅会使自己陷入被动负债中，还会泄露自己的身份信息，甚至会导致自己陷入骗局造成财产损失。

拒绝“利诱”。校园贷市场上不乏打着“代理”、“中介”旗号，称可以给“好处费”、帮“套现”等让大学生提供身份信息进行借款的骗局。面对“好处费”、“刷单赚钱”以及“套现”等利诱，大学生都应该拒绝。

适度消费。过度消费是诱发大学生进行校园贷贷款的主要原因之一。在日常生活中，大学生应有合理的消费计划，不要因攀比或满足自身消费欲望而购买超出自身承受能力的商品，给自己带来不必要的经济压力。过度消费借款后若还不上款，不仅会影响个人信用记录，还会给自己带来更多的负债。

不要拆东墙补西墙。拆东墙补西墙是指在一家校园贷平台上借款后因还不上款，再到另一家校园贷平台上借款，用借来的款项偿还前期借款。该做法只会让个人陷入恶性循环，最终导致负债越来越多。

8.2.4 手机分期贷款的陷阱

分期付款买手机是当前比较普遍的一种消费方式，但这种“分期付款买手机”也可能是一种骗局，常见的陷阱有以下几种。

◆ 办贷款前，先交定金

分期付款买手机常常需要向与商家合作的贷款公司申请贷款，部分商家并不会考虑消费者的个人贷款资质，直接承诺能帮忙办理贷款，但要求消费者交纳一定的定金，如果最终贷款没能办下来，商家也不会返还消费者的定金。

◆ 零利息可能是噱头

不少商家为吸引消费者分期付款买手机，会打着“零利息分期”的口号。但在消费者真正办理贷款时，又会要求交纳手续费、服务费等费用，而这些费用算下来，有可能会比利息还高。

◆ 帮忙贷款买手机，给好处费

分期付款买手机套现这种骗局并不新鲜，诈骗分子首先会以“好处费”来诱惑消费者，声称为完成业务量需要“刷单”，帮忙刷单的人只需在网上办理虚假的手机贷款就可以获得 200 元的好处费，而手机不会交给帮忙刷单的人，贷款也不需要刷单的人偿还。

但实际上，帮忙刷单的人办理的贷款并非是虚假贷款，而是真实的贷款。诈骗分子在拿到手机后，会将手机转手卖出套现，而帮忙刷单的人会收到来自贷款网站的催缴通知。

面对上述陷阱，个人要提高自身的防骗能力，不要贪图小便宜，同时要看清其中隐藏的风险，认识到在网上签订购买或借款合同都是要承担法律责任的。

8.3 如何避免个人贷款被骗

在日常生活中，因个人贷款陷阱被骗的人群不仅有大学生，还有城市白领以及八旬老人等。面对形形色色的诈骗手段，提升个人防骗意识，学习防骗知识是比较重要的。

8.3.1 身份证如何防盗用

对每一个人来说，身份证都是极其重要的。个人身份证是个人办理贷款、出行以及网上开户的重要证明文件，如果个人身份证被盗用，那么他人就可能利用自己的身份证开办信用卡、办理贷款或通过网络从事非法交易。

日常生活中，个人不仅要保管好身份证原件，还需要保管好身份证复印件，因为身份证复印件也可能被他人盗用，给自身带来风险。

以下方法可以防止身份证被盗用。

①个人身份证原件或复印件不要随便借给他人，若身份证丢失，要及时补办，不能因暂时不用而放任不管。

②在使用身份证复印件时，要在复印件上加上签注，如写明“仅供 ×× 单位办理 ×× 业务”等内容。在书写签注时要注意，签注的写法通常分 3 行，每一行后面要划上横线，其内容不能遮盖身份证号码和名字，部分笔画与身份证的字要有交叉或接触，如图 8-13 所示为签注写法范本。

图 8-13

③若身份证不慎被盗或被抢，个人应马上到案发地当地派出所报案，派出所开具的报案证明可以有效证明原身份证作废。这样即使他人盗用了身份证，也可以出示证明为自己澄清，从而有效减少和避免身份证被盗用而带来的麻烦。

④对于使用完了的或弄脏了的身份证复印件，不能随意丢弃。最好的做法是使用碎纸机进行销毁，若采取手撕法，应尽量撕成无法拼接的形状，否则也可能被居心叵测的人拿去从事非法交易，影响个人信誉，使个人陷入法律纠纷。

⑤目前，在网上办理业务，不少平台都会要求拍照上传身份证照片。

在使用电子版身份证照片时应更加谨慎，不要向不正规的机构提供电子版身份证。

⑥公共场所使用身份证时要非常小心，在用完后要立即放回包中，以免遗失、被盗或被别有用心的人偷拍。另外，身份证和手机尽量不要放一起，否则容易导致身份证消磁，另一个重要原因是，如果身份证和手机同时被盗，那么将会给个人财产和隐私信息带来很大的安全隐患。

8.3.2 了解清楚合同细节再签字

在线进行网络贷款，也会签署相关的贷款合同。但不少借款人在具体申请借款时，常常都不会阅读合同的具体内容，只是盲目地按照页面提示完成操作。

由于这一贷款合同是以借款人自行阅读的方式展现的，因此不少借款人常常会忽视合同细节，有的借款人甚至不会阅读贷款合同内容。但实际上，贷款合同是借款人不可忽视的，因为在网上申请借款，签订的电子合同也是具有法律效力的。在阅读电子合同时，借款人需要注意以下几个方面。

（1）贷款基本信息

贷款基本信息包括借款人信息、贷款利率、贷款金额、付款方式及贷款期限等。借款人一定要确保贷款基本信息准备无误，否则可能会引发纠纷，如图 8-14 所示的是某个人电子消费贷款合同贷款基本信息内容。

第一条 贷款基本信息

为了保护借款人的信息，本合同在贷款平台展示时部分隐藏借款人的敏感信息（本合同对借款人敏感信息的部分隐藏不影响本合同的效力；借款人知晓并同意本合同项下借款人的身份信息以借款人用以签约的账户（在（中国）网络技术有限公司（以下简称“公司”）处开立的账户或在银行股份有限公司处开立的银行账户<以下简称“银行账户”>，以实际签约的账户类型为准）留存信息为准。

借款人：*

证件号码：*****************

证件类型：身份证

贷款金额：10000.00元 (大写：壹万元整)

贷款期限：自贷款发放之日起至 2018年09月25日

贷款初始日利率：0.030000%

收款账户：中国建设银行尾号

还款方式：等额本息

合同签署日期：2017年09月11日

合同签订地：

图 8-14

（2）贷款费用收取

除了贷款利率外，借款人还需查看贷款合同中是否涉及了其他贷款费用，如服务费、罚息利率等。对于贷款其他费用，借款人要了解其费用收取标准，如某电子贷款合同中，关于罚息利率有以下约定。

一、贷款利率与罚息利率

（一）贷款利率

……

（二）罚息利率

本合同项下贷款逾期的罚息利率为在上述（一）项贷款初始日利率水平上加收 50%；借款人未按本合同约定用途使用贷款的罚息利率为在上述（一）项贷款初始日利率水平上加收 100%。

（3）还款日约定

还款日是很重要的一个日期，对于还款日的确定方式，贷款合同中都会有明确的约定。借款人要了解合同中约定的还款日确定方式是否与自己知晓的或贷款平台宣传的一致以及其他关于还款的约定事项。如在某电子贷款合同中关于还款日有如图 8-15 所示的约定。

二、还款日

1.借款人同意本合同项下按月借款类贷款的还款日详见贷款平台的显示。若借款人在贷款人处有多笔按月借款类贷款，则将首笔按月借款类贷款确定的还款日统一固定为今后每笔按月借款类贷款的还款日。特别的，在放款日非还款日的情况下：

1）若贷款放款日距离贷款发放后的首个统一还款日不满15个自然日，则第一期还款顺延至贷款发放后第二个统一还款日归还；贷款期限相应延长至初始贷款期限届满日后的首个统一还款日。

2）若贷款放款日距离贷款发放后的首个统一还款日超过15个自然日（含），则第一期还款应在贷款发放后首个还款日归还，贷款期限缩短至初始贷款期限届满日前一个统一还款日。

3）若在贷款平台上未显示按月借款类贷款的还款日，则借款人还款日为借款人按月借款类贷款发放日所对应的自然日（若贷款发放日为29日、30日或31日，但借款人在还款当月无前述日期，则该月借款人的还款日为该月最后一日）。

2. 借款人在贷款人处按日借款类贷款的还款日以实际贷款到期日为准。

图 8-15

（4）贷款违约

贷款违约是指借款人向贷款平台申请借款后，发生与平台约定的违约情形。不同贷款平台与借款人约定的违约情形可能会有所不同，借款人只有在充分了解违约情形后才能保证自己不违约。常见的贷款违约情形有以下一些。

◆ 借款人未按贷款合同规定按时足额还贷款本息或其他应付款项。

◆ 借款人未按贷款合同约定的用途使用贷款。

◆ 借款人向贷款人或贷款服务顾问提供虚假的信息。

◆ 借款人被宣告失踪、处于限制民事行为能力或丧失民事行为能力状态、被刑事监禁或发生重大疾病及重大事故等可能危及贷款合同项下贷款安全的情况。

◆ 借款人卷入或即将卷入重大诉讼或仲裁程序及其他法律纠纷，足以影响借款人的偿还能力。

◆ 借款人转移资产以逃避债务的。

◆ 借款人在贷款合同中做出任何虚假声明、未能履行任何保证或违反贷款合同约定的其他义务。

针对上述违约情形，贷款公司会与借款人约定违约的处理方式，对于违约的处理方式借款人也应有所了解。如图 8-16 所示为某电子贷款合同中关于违约情形处理方式的部分内容。

二、违约救济措施

如借款人出现本条第一款所述之任何违约情形，或违背借款人在本合同项下其他任何义务、陈述、保证或承诺的，贷款人有权采取下列一项或多项措施，包括但不限于：

1.要求借款人限期纠正违约行为。

2.停止依据本合同或借款人与贷款人之间的其他合同向借款人发放任何贷款。

3.自主决定本合同和借款人与贷款人之间其他合同项下借款人未偿还的贷款全部或部分提前到期，并要求借款人提前全部清偿。

4.处分抵押/质押财产或要求保证人代偿（如有），实现贷款人的债权。

5.按本合同约定代表借款人转让或赎回借款人通过支付宝"余额宝"服务购买的部分或全部理财产品，并将转让或赎回交易所得款项用于偿还借款人在贷款人及其关联公司处的欠款。

6.通知支付宝公司对借款人任何一个或几个支付宝账户权限进行限制，包括但不限于对借款人支付宝账户的部分或全部资金进行止付、停止向借款人提供所有支付宝账户支付、提现等服务。

图 8-16

8.3.3 不正规无抵押贷款公司的特点

不正规的无抵押贷款公司都是有一定特点的，借款人只要识别这些特点，就能很好地避免上当受骗。

◆ 无抵押≠无门槛

在申请信用贷款时，可以看到平台都支持无抵押贷款。但无抵押并不代表无门槛，正规的贷款平台提供的无抵押贷款都是有准入条件的，如年龄、收入等条件。

若贷款平台或公司声称申请贷款没有条件限制，那么借款人就要提高警惕了，没有贷款申请门槛的机构不可信。

◆ 包装身份不可信

对于一些资信条件不太好的借款人来说，成功申请贷款是比较困难的，若贷款公司声称能帮其准备虚假无抵押贷款资料，让其贷款成功，那么这样的贷款公司也是不正规的。

这样的贷款公司看似帮助了借款人，但实际上却是害了借款人。因为借款人若向贷款机构提供虚假的信息申请贷款，轻则会被贷款机构拒贷并列入黑名单，重则会被视为骗贷，承担法律责任。如《中华人民共和国刑法》第一百九十三条对贷款诈骗罪有以下规定。

第一百九十三条 【贷款诈骗罪】有下列情形之一，以非法占有为目的，诈骗银行或者其他金融机构的贷款，数额较大的，处 5 年以下有期徒刑或者拘役，并处 2 万元以上 20 万元以下罚金；数额巨大或者有其他严重情节的，处 5 年以上 10 年以下有期徒刑，并处 5 万元以上 50 万元以下罚金；数额特别巨大或者有其他特别严重情节的，处 10 年以上有期徒刑或者无期徒刑，并处 5 万元以上 50 万元以下罚金或者没收财产：

（一）编造引进资金、项目等虚假理由的；

（二）使用虚假的经济合同的；

（三）使用虚假的证明文件的；

（四）使用虚假的产权证明作担保或者超出抵押物价值重复担保的；

（五）以其他方法诈骗贷款的。

◆ 身份确认流程不完善

线下的小额贷款公司由于有固定的经营场所，因此在为借款人办理信用贷款时，会要求借款人携带完整资料进行身份审核和面签。而在网站上或手机上申请信用贷款则不需要面签，但正规的贷款公司会要求借款人在线上填写完整的身份信息，以便于进行身份和资质的审核。如果借款人在网络上申请借款时，平台并未要求借款人填写详细、全面的身份信息，或身份审核的流程不完善，那么这样的贷款公司也是不正规的。